Eurus

Notus

ジェラルド・グローマー
Gerald Groemer

「音楽の都」ウィーンの誕生

Boreas

Zephyrus

岩波新書
1962

目次

一七七四年のウィーン

❶ ショッテン教会
❷ アム・ホーフ
❸ ペーター教会
❹ 大ミヒャエラハウス
❺ グラーベン
❻ シュテファン聖堂
❼ 大学
❽ イエズス教会
❾ ブルク(居城)
❿ ブルク劇場
⓫ 大レドゥーテンザール
⓬ アウグスティーナ教会
⓭ ノイヤーマルクト
⓮ メールグルーベ
⓯ ヤーンのレストラン
⓰ ケルントナートーア劇場

□＝現在の市区

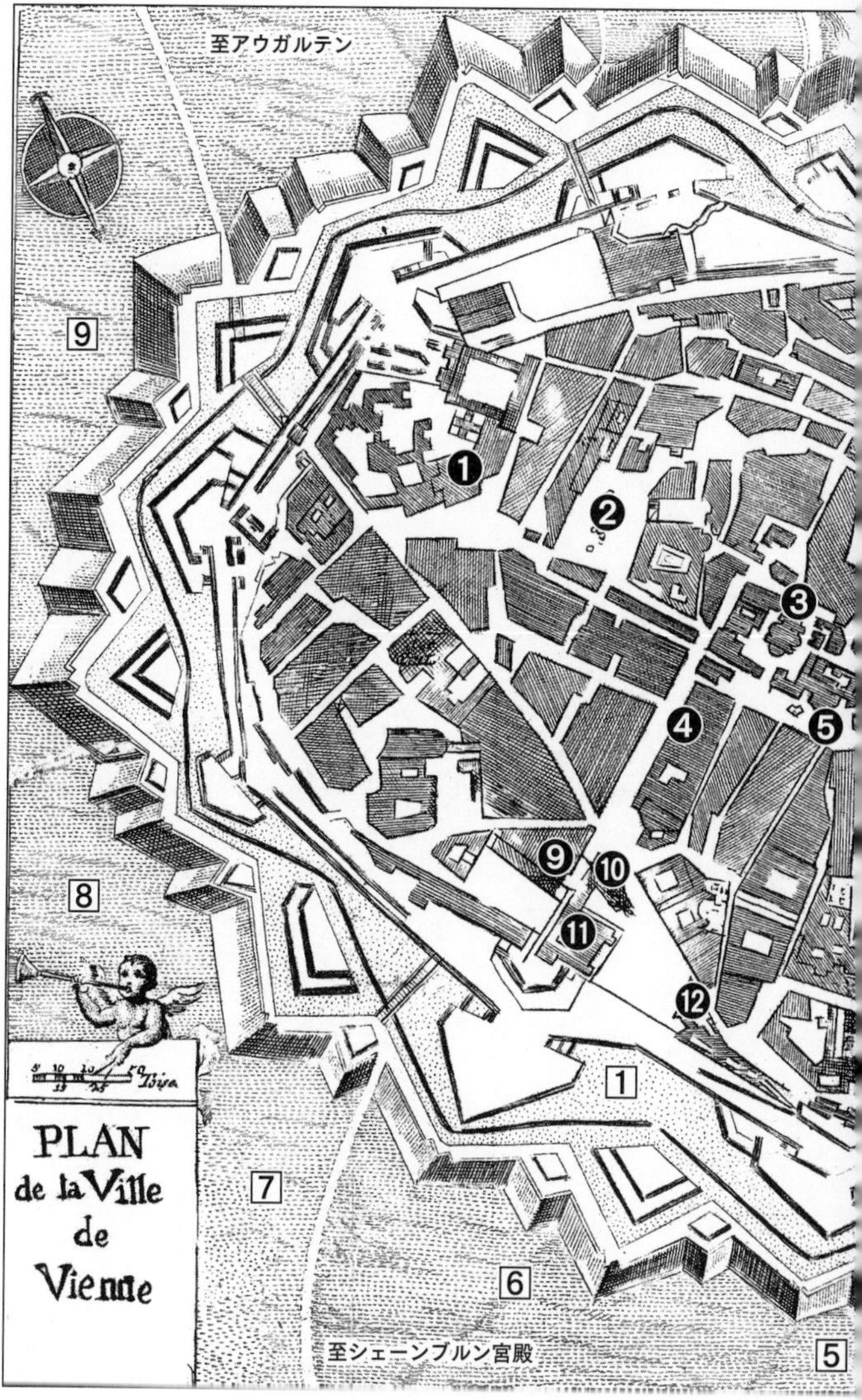
至アウガルテン
9
8
7
6
5
1
❶
❷
❸
❹
❺
❾
❿
⓫
⓬
PLAN
de la Ville
de
Vienne
至シェーンブルン宮殿

はじめに

モーツァルトの手紙

「ここはまさにピアノ大国！」、一七八一年ウィーンからモーツァルトは、父レオポルトへの書簡にそう記している。ここではオペラ歌手が聴衆に「打ち負かされる」ことはあっても、それは劇場に限った話で、自分のようなピアニストがそのような憂き目を見ることはない、とモーツァルトは自身の行く末を楽観している。その二か月前にも、この町に着いたばかりのモーツァルトは、息子の将来を案ずる父を安心させようと書いていた。「本当に素晴らしい所です。私の生業《なりわい》にとって、ここは世界一の場所であると皆、口を揃えて言います。ここにとどまると思うと心が浮き立ちます。ですから可能な限りこの機会を活かしたいと思います。信じてください、私が目指しているのは、出来るだけたくさん稼ぐことです。なぜなら、金は健康に次いで最も大事な物ですから」。

当時、ウィーンの音楽界の盛況を称賛したのはむろんモーツァルトだけではなかった。すでに一七七二年に二週間ほどこの帝都を訪れたイギリスの音楽学者チャールズ・バーニーも、翌年に発表した

『ドイツ、ネーデルラントおよびオランダ共和国の音楽の現状』において、「ウィーン市中には作曲家が溢れ、多数の優れた演奏者が住んでいる。そのためドイツ(語圏諸国)の並み居る都市の中でも、このまちを権力の帝都と呼ぶのみか、音楽の帝都と呼んでも差し支えないだろう」と書いている。こうした呼称を与える裏付けとして、バーニーはグルック、サリエーリ、ハイドン、ディッタース(爵位を得てからはディッタースドルフ)、フロリアン・ガスマン、ゲオルク・クリストフ・ヴァーゲンザイル、レオポルト・ホフマン、ヨハン・ヴァンハルなどといった一連の著名な音楽家たちの名をあげている。

一七七七年の『ウィーン新聞』にも、「我々の音楽の趣味の良さを否定することなど、誰にもできまい。その証拠に、ここで育《はぐく》まれ、名声を得、讃えられているグルックをはじめとする大巨匠の演奏会は、つねに空席が全くないほど超満員である」との自讃の言が躍っている。一八〇一年にベートーヴェンも、優れた音楽家を惹き付けるウィーンの並み外れた吸引力について、ボン在住の友人に宛てた書簡の中で触れている。「ウィーンにはあまりにも多くの音楽家が集まっているため、優秀な者ですら生活に苦労している」と。

当時のウィーンの音楽文化の水準が、他の都市に大きく優越していることを指摘する人びとも少なくなかった。先述のバーニーは、イギリス人とは異なり、オーストリア人は若者や兵士までを含めて、常日頃から多声部の曲を歌い慣れていることに感動を表していた。自らをフランス人の旅行者に擬したドイツ人のヨハン・カスパル・リーズベック男爵も一七八三年に刊行した旅行記において、一七七〇年代半ばのウィーンの音楽事情を他と比べつつ語っている。それによると、ここには約四〇〇人の職業楽師が活躍しており、彼らは数ある演奏団体に所属し、つねづね同じ仲間と組み、練習に励み演奏を重ねている。そうして互いの弾き方を熟知し、互いに慣れ親しんでいるがゆえに、イギリス、イタリアなどでは例にないほど正確無比な演奏を披露できているという。一七九八年にウィーンを訪れたドイツの詩人・歴史家エルンスト・モーリッツ・アルントも、在地の者たちが音楽を深く理解し、ドイツ諸邦やイタリアのいかなる地方の人びとより優れていると断じている。時代が少し下るが、一七九三年よりヨーロッパ中を周遊し、一八〇七年前後にウィーンを訪れたドイツ人の作家ハインリヒ・ライヒャルトは、ここでは「音楽の芸術は、他国では知られていないほどの完成度に達している」と力説している。

このように十八世紀後半以降のウィーンは、欧州全域をとっても音楽については最も重要な都市と広く見なされていた。この都市が、こうした評価を享受するに至った理由はいったいどこにあったのであろうか。一つ確かなことは、ウィーンにこの時期たまたま、多くの天才や俊英が誕生したといったような僥倖《ぎょうこう》にその理由があったわけではなかったことであろう。ディッタースは確かにウィーンに生まれたが、グルック、ハイドン、モーツァルト、ベートーヴェンは例外なく他所からこの首都に移住してきたよそ者であった。なお、現在こそその作品はあまり演奏されないものの、当時の楽壇では大立者として幅を利かせたヴァンハル、ガスマン、サリエーリ、アダルベルト・ギロヴェッツ、ヨハン・ネポムク・フンメル、ヴラニツキー兄弟、ヴェンツェル・ミュラーなども皆、他国に生まれ育った人びとである。

問題は、ウィーンがなぜそれほどまでに、ヨーロッパ音楽界の逸材を引き寄せえたのかという点にある。グルックはパリで、ハイドンはロンドンで、モーツァルトはプラハで、サリエーリはミラノとパリで大成功を収めたにもかかわらず、皆、それらの旅先で定職を求めないまま、間を置かずにウィーンに舞い戻ってきている。ベートーヴェンの指摘したウィーンの魅力の源泉こそが、問われなければならない。

ウィーンの社会と文化

ウィーンの誇るべき音楽文化は、当然一夜にして成ったわけではない。一七八〇年代に首都を観察したベルリン生まれの作家で出版業者のフリードリヒ・ニコライによれば、ハイドンが頭角を現す一七六〇年代以前のウィーンは、当時バッハ、テレマン、エマヌエル・バッハ、ハッセなどを擁《よう》し、いちじるしい活況を呈していた北ドイツの音楽界には及びもつかなかったという。そのころのウィーンでは、貴族も庶民もおしなべて、その官能的な国民性のままに、田舎の舞曲、屋外用の軽い器楽組曲、他愛の無い小歌などに無上の愉《たの》しみを見出し、優れた芸術作品を聴く際にはかえって退屈してしまいがちであったとニコライは書いている。

当時のウィーンにもう少し公平であろうとすれば、ニコライはハイドンが注目される以前に活躍したヨハン・フックスやグルックなどといったウィーンの俊豪の存在を忘れていたこと、また広範なオーストリア人読者を苛立たせるほどであった彼の批判は、一面的で誇張されていたことも指摘しなければなるまい。とはいえ、当時のヨーロッパ音楽界の実情に照らすならば、彼の主張があながち無根拠ともいえないこともまた確かであろう。他の北ドイツからの旅行者の多くも繰り返し強調したように、一八世紀後半まで首都の教育や思想は、反動的なカトリック教会の監督と検閲の下に置かれ、啓蒙思想はなかなか浸透しなかった。

十八世紀前半に、宮廷を中心にオペラ文化が発展したとはいうものの、その革新性において、ウィーンはイタリアに遥かに劣っていた。バレエの分野でも同様に、ウィーンはとうていパリと張り合うには至らなかった。音楽の発展を促すべき諸施設も豊富というにはほど遠かった。当時ロンドンではつとに見られた音楽専用のホールも、ウィーンに現れるのは十九世紀を待たなければならなかった。楽譜専門の出版社の登場もイタリア、イギリス、北ドイツに遅れていた。ヴァーゲンザイルの作品がようやくパリで刊行された一七五五年以前、ウィーンの誇る器楽曲ですら、ヨーロッパ全土から注目を集めることはほとんどなかった。音楽教育の施設の設立もはかどらず、一八一七年までウィーンには音楽院が存在しなかった。定期的に公開演奏を開くオーケストラに至っては、ようやく一八四二年になってその活動を開始した。

こうした状況下、十八世紀の音楽家にとってウィーン社会は、決して楽園とは言いがたかった。帝都の財力と権力をほぼ独占した貴族こそは、音楽文化の最も重要な支援者であったが、その驕慢《きょうまん》さはつねづね作曲家や演奏者の憤懣《ふんまん》の種であり、彼らの芸術的創造活動の大きな障害となることもまれではなかった。他方、都市の中産階級は熾烈《しれつ》な経済競争に晒《さら》されゆとりがなく、その一部に含まれる音楽家たちも不安定な経済状況に翻弄《ほんろう》されながら貧しい生活に甘んじなければならなかった。都市人口の多数を占めた労働者や下層市民はといえば、せいぜいダンスホールの楽師と路上芸人に銭を出す財力しかもたず、オペラ、コンサート、サロンなどとはおおかた無縁であった。ヴァンハルとシューベルトが極貧の中に生涯を終え、モーツァルトも借金を抱えたままに他界し、ベートーヴェンも長く下層中産階級並みの生活に堪えなければならなかった。ハイドンも、もし晩年にロンドンで成功していなかったならば、ウィーンで僅《わず》かな財産しか持たぬ者として死を迎えたことであろう。

こうして見てくると、十八世紀後半以降ウィーンに音楽文化が鮮やかな花を咲かせたという事実は、むしろ奇異であったと言うべきかもしれない。この奇異は、一つの決定的な要因によって引き起こされたわけではない。おそらくは、一つ一つを取ればそれほど衝撃的でもなく、またウィーン以外の他の都市にもしばしば見られたに違いない、複数の小さな経済的、政治的、社会的、文化的因子の重なり合いと相互作用の結果、世界的に認められたウィーンの音楽文化が生まれたと考えられる。

ある音楽文化が、ある特定の場所のある時代状況を反映しているとすれば、そこに投影されているのは、後の全ての人びとをも魅了する、その時代と場所の美質だけではないはずであり、必ずや、それらの欠点や否定的な側面も反映しているに違いない。傑作とされる音楽作品が、所与の成立環境や作曲家の心境を肯定的に媒介する形で再現していることもあろうが、逆に、それらが外的環境の拒絶や否定に基づいて、作品中に現実とは別の世界を繰り広げていることもあろう。この外的環境と作品との関係の不確定性が、必ず存在しているからこそ、特定の時と場から生み出されたある音楽作品が、後世の人びとや異質な文化環境にある人びとにとっても、有意義な芸術作品となりうるのである。

したがって本書では、なぜウィーンにかくも煌《きら》びやかな音楽文化が成立したのかという一種の決定論を押し広げることを避け、ある時代のウィーンにあった音楽文化の無数の萌芽が、どのように相互に刺激を与えあいながら、あるいは牽制しあいながら展開していったのかを検討してゆくことにしたい。

「音楽都市ウィーン」のイメージの構築

ウィーンは旧くから音楽の盛んな地であった。一五四八年、オーストリアの詩人・作曲家ヴォルフガング・シュメルツルは、その「ウィーンへの賛歌」の中で、二世紀半後のベートーヴェンの言葉を先取りするかのように記している。「ここにはきわめて多数の歌手と弦楽器奏者が集い、社交や愉しみも多い。これ以上の数の楽師と楽器のある場所はこの世にあるまい」と。ここにいう「楽師」または「音楽家」には、宮廷の礼拝堂やその楽団(ホーフカペレ)に所属した団員、教会や修道院の楽師などに加え、無数の路上芸人や吟遊詩人、さらには音楽好きな貴族と市民も含まれていたに違いない。国際的にも、ウィーンの楽師の評判は高く、すでに一五四二年にイギリス王ヘンリー八世は、軍の鼓笛隊を編成するために、わざわざウィーンで、馬上での演奏可能な「ハンガリー風」ティンパニを購入し、楽器奏者と笛吹きとを、それぞれ十人ずつ募ったと伝えられている。

にもかかわらず、前述したように、ウィーンがこの時代のヨーロッパ音楽文化の中心であったとは言いがたい。十六世紀から十七世紀にかけて、オペラとバロック音楽の発祥地としてヨーロッパの音楽界に君臨したのはイタリアであり、宮廷音楽やバレエの模範とされ遍《あまね》く讃えられたのは、ルイ十四世のフランスのそれであった。十八世紀前半のパリ、ドレスデン、シュトゥットガルトなどでは、それぞれに宮廷音楽が花開き、ロンドンでは公共の劇場や音楽ホールが建設され、ナポリやヴェネツィアにはオペラ芸術が隆盛を見たばかりか、特に女性のための音楽院や演奏会場を兼ねた慈善院(救貧院と孤児院などを併せ持ったオスペダリ)の活発な音楽活動が、旅行者を瞠目《どうもく》させていた。先に引用したバーニーも、イタリアこそはヨーロッパ諸国中で最も優れた音楽が創造されている場であると断じ、同時代のウィーンの住民がイタリアやフランスの音楽を、あこがれをこめて崇敬していたとにおわせている。彼らもまた自らの地元の作曲家ではなく、北ドイツのバッハ、イタリアのヴィヴァルディ、パリのラモー、ロンドンで活躍するヘンデルなどを巨匠として認めていたのである。

たしかに、ちょうどこの頃を境に、ウィーンも音楽史の表舞台に躍り出ていくことになる。しかし、十八世紀の旅行者らがようやく、ウィーンに優れた音楽文化が芽生えつつあると評価するようになったとはいえ、なおこの頃のウィーンを「音楽の都」あるいは「音楽都市」と呼ぶ者はいなかった。そのような呼称が広まったのは、時代を遥かに下った十九世紀以降のことであった。そこには、音楽文化の発展という以上の事情が働いていたとみるべきであろう。その時期、オーストリアは、ドイツ語圏においてかつての政治的・経済的地位から滑り落ち、帝国としての勢威を著しく低下させていた。過剰ともいえるウィーンの音楽文化の自己礼讃の背後に、衰えゆく君主国の威厳を何とか補い保とうとする政治的な意図が潜んでいたことに疑いはない。

やがてさまざまなウィーンの都市案内に、この都市の音楽事情の称賛が繰り広げられるようになっていった。一八六八年のガイドブックは、「第一の音楽都市とされるウィーンの評判は、充分な確固たる根拠に裏付けられている。音楽を愉しむことは、ほとんどのオーストリア人に生得的な性質である」、「ダンス音楽の奏で方がよく理解されているのは、ウィーンにおいてだけである。（中略）それは舞踊に精通するもの全てにとって揺るぎない共通了解になっている」とそのガイドブックは豪語している。その五年後のウィーン万博に際して刊行された案内書にも「音楽都市について」という思い入れたっぷりの一章が設けられ、昼夜を問わず音楽が聞こえてくるまちの様子が描かれている。

十九世紀末には、ウィーンの音楽を絶賛する評論家・大学教授のエドゥアルト・ハンスリックは、ウィーンは軍事力によって、すなわち「バヨネット（銃剣）ではなく、クラリネットによって世界を制する」と述べている。一八六二年にウィーンをはじめて訪れたブラームスもウィーンの栄光の音楽史を強烈に意識して、彼は手紙に書いている。「私はベートーヴェンがワインを飲んだ同じ場所で飲むことができるのだ」と。

その後、益々顕著となってゆく「音楽の都」のイメージは、ドイツ・ナショナリズムに深く根付いていった。ゲーテやシラーの演劇が代表した「ワイマール古典主義」に倣い、それまで一般的な名称ではなかった「ウィーン古典派」という音楽史上の概念も出現した。二十世紀のファシズムの時代、「音楽都市ウィーン」のイメージは、ドイツ民族全体の文化的優越性を語るスローガンとなり、今日に至ってなお当地の観光産業における国際的競争の強力な道具として作用している。

このイメージは、これまで無数の人びとの関心を強く捉え、ウィーンの音楽史を論じる者の多くは、ウィーンには強固な音楽の精神が存在していたため、偉大な作曲家を惹き付けたといい、さらには逆に、偉大な作曲家がここに在住したがために、ウィーンの精神は優れて音楽的となったといった類《たぐ》いの循環論法を適用するのがつねであった。こうした論法は、旅行雑誌や広告、政府機関紙、演奏会の解説、通俗的な文学作品、キッチュな映画やオペレッタ、インターネット・サイトなどで繰り返され、「音楽の都」のイメージを固定化し、強化してきた。その結果、ウィーンの音楽文化の発展をめぐる叙述の多くは、歴史的過程を欠いた、一つのイデオロギーに堕しているのが実情である。

十八世紀後半のウィーンの記録者たち

こうしたイデオロギーに縛られることなく、ウィーンがヨーロッパで最も重要な音楽都市の一つとして注目され始めた十八世紀後半の実態を把握するためには、同時代の史資料に戻ることが必要であろう。幸い、この時期のウィーンについて、史資料はきわめて豊富に現存している。公文書館、図書館、資料館などには、市民の出生、結婚、死亡、所有、相続、雇用に関する記録はもちろん、劇場、楽団、教会での音楽活動に関する文書、金融取引、税金関係書類なども、ほぼ無限に所蔵されている。なお、十八世紀に刊行された数々の地誌、歴史書、伝記、新聞・雑誌もこの時代を知るためには欠かせない手助けとなる。くわえて、主に旅行者の便宜のために編まれたガイドブック、その他買い物案内、音楽・演劇年鑑などからも、その時代の生活と文化のさまざまな実態を窺うことができる。

しかし、最も直接的に過去の状況を伝える記録は、やはり個人の書簡、日記、自伝、旅行記、見聞記、回顧録である。それらによってハイドン、モーツァルト、ベートーヴェンらの生きた社会環境と文化を鮮やかに、しかも具体的に想像できるのである。ただし、それらの記録の著者のほとんどは上流社会に所属する文人、作家、音楽家、出版業者、知識人、あるいは外国人であり、彼らの先入観やとくに下流市民に対する偏見が随所に表れていることにも、注意を払う必要がある。

ウィーンを直接見た外国人の著書にも、異質な文化や不慣れな習慣に対する誤解や曲解や根拠の無い優越感などが窺えることにも注意すべきであろう。と同時に、多くの場合、彼らのよそ者としてのまなざしは住民に特有の先入見を免れており、住民が取るに足りないと判断した事実や屈辱的と感ずるあまりあえて語らなかった事柄にも触れており、史料として重要である。

一七七〇年代のウィーンの音楽事情を記録する著作として、白眉というべきは前述したバーニーが残したものである。彼はウィーンの音楽会やオペラ上演に足を運び、当時の優れた作曲家ハッセやグルックとも歓談し、その経験を生き生きとした文体で描きとどめている。もうひとつ、バーニーがウィーンを去った三十年後に書かれた、ドイツ人作曲家・指揮者のヨハン・ライヒャルトの体験談も、音楽事情に精通したものの記録として貴重である。

ハプスブルク君主国の首都を訪れ、音楽に限らず、文化全般をきめ細やかに記録した旅行者も少なくない。たとえば、フランス人のジャック・ギベール（一七七三年）、前述したドイツ人のニコライ（一七八一年）、リーズベック（一七八三年）、アルント（一七九八年から一七九九年）、ラトヴィア出身と名乗り実際にはドイツ人のフリードリヒ・シュルツ（一七九二年から一七九三年）らであり、彼らもまた帰国後に興味深いウィーン見聞記を刊行している。

以下本書において、特に頻繁に引用する著者三名について、あらかじめここで少し詳しく紹介しておこう。まず、南ドイツ出身で、ザルツブルクで教育を受け、一七八四年以降ウィーンに住んでいたヨハン・ペッツルである。ニコライがともすれば、ウィーンの娯楽文化をかなり否定的な視座から観察し、住民の「無為」や「享楽的性質」を繰り返し批判したのに対し、ペッツルはよりバランス良くウィーンを観察し記述した点で、好対照といえよう。パン職人の家に生まれたペッツルは、オーストリアの啓蒙主義の旗手となり、図書館員や公務員の仕事に従事しながら多彩な執筆活動を展開した。モーツァルトも所蔵した小説『ファウスティン』は、一七八三年に発表されたペッツルの作品であり、オーストリア初のベストセラーとなった。明らかに、この著作はヴォルテールの『カンディード』を手本にしており、主人公はヨーロッパを巡行し、各地で残酷さ、偏狭さ、不自由ばかりに遭遇する。しかし彼は、人類の救い主たる啓蒙専制君主のヨーゼフ二世の膝元であったウィーンに着き、ようやく人間らしい社会に出会うというのが、この小説の筋立てである。このほかにもペッツルはウィーンの風俗慣習などの入念な調査に基づき数冊のガイドブックを書き著してもいる。

図1　カロリーネ・ピヒラー

もう一人、帝都の現状を著作の中に見事に再現しているのは、一七六九年ウィーンの裕福な家庭に生まれたカロリーネ・ピヒラーである（図1）。父親は宮廷顧問官のフランツ・グライナー、学問に造詣の深い母親は結婚前にはマリア・テレジアの朗読係の侍女を務めた。娘のカロリーネはハイドンやモーツァルトをはじめ、ペッツルを含むウィーンの啓蒙家や知識人のほとんどと面識があった。一八三九年に出版した「十八世紀後半のウィーン」という副題を持つ『時代絵図』の第一巻はフィクションの体裁をとるが、そこには自らの過去の実体験が如実に描かれている。また遺作として出版された四巻の自伝『我が生涯からの思い出』も、当時のウィーンを知ろうとする者にとり必携の書となっている。

ヨーロッパ人は好んで日記をつけた。当時の宮廷内の日常生活については、マリア・テレジアの侍従総長であったケーフェンヒュラー＝メッチュ侯爵が一七四二年から一七七六年の手記につぶさに描いている。他にもたとえば一七六〇年にウィーンに着き、宮廷に仕えるかたわら、多くの演劇やオペラ上演などを経験したドイツ人のツィンツェンドルフ伯がフランス語で一八一二年まで書いた日記、あるいはエステルハージ家に勤務した会計士のヨーゼフ・ローゼンバウムの一七九七年から一八二〇年にかけての日記も当時の音楽界を詳しく記述している。

また十九世紀前半のウィーンの社会事情を最も精細に書き留めたのは、ウィーンの下層社会の出自であったマティアス・ペルトである。彼の残した未刊の五十六冊に及ぶ日記は、当時の首都を知るための類例のない宝庫となっている。頭脳明晰な少年であったペルトは、聖アンナ学校に入学が許され、学費は全額免除となった。刻苦勉励が実を結び、政府の役人に就任することに成功し、やがて中級官吏にまで昇格した。歌が上手く、ピアノも若干弾くことができたペルトは大の演劇愛好家であり、自作の戯曲が一八一四年にヨーゼフシュタット劇場で上演されるほどの文才の持ち主でもあった。

ペルトが日記をつけはじめたのは十五歳の頃(一八〇三年)で、一八五六年に亡くなるまでひたすら書き続けたのであった。日々、ウィーンの演劇とオペラの上演、演奏会、音楽サロン、友人が催した私的な音楽会に関する情報を記載し、多くの新聞記事からの写しとともに、本人が足繁く劇場や音楽会に通い、その実態と評価を事細かに述べている。

こうして、バーニー、ライヒャルト、ニコライ、ペッツル、ピヒラー、ペルトなどの助けによって、われわれは当時のウィーンの社会情勢や住民の言行を垣間見《かいまみ》ることができるのである。当時の音楽家たちは、専制的な政府の決定、貴族の命令、教会の圧力、商品市場の動向が交わる交差点に立っていたといえよう。彼らが、雇用と活躍の場を求め、新曲を作り、演奏活動を繰り広げつつ歩んだ紆余曲折に満ちた道程を、以下七章にわたって検討してゆくこととしよう。

第1章
「音楽の都」を誕生させた都市
──ウィーンの社会、宗教、生活──

一六一一年より、ウィーンは神聖ローマ帝国の帝宮とハプスブルク君主国の中央省庁の継続的な所在地となり、次第にドイツ語圏全域の随一の大都会にまで成長した。十七世紀以降、ハプスブルク家はスイス以外のドイツ語圏の大半、イタリアとポーランドの一部、ボヘミア、モラヴィア、ハンガリー、スロヴェニア、クロアチア、ルーマニアの大部分、そして現在のベルギーとルクセンブルクを含む広大な領土を傘下に収めていた。

「レジデンツシュタット」(皇帝在住の都市)となったウィーンには貴族が集住し、彼らは豪奢《ごうしゃ》な文化を発展させながらも、過去の風俗としきたりにとらわれていたため、ロンドン、パリ、アムステルダムなどを席巻しつつあった社会の進歩的動向の進展を食い止めようと努めていた。十八世紀後半になって、ウィーンの貴族と上流社会の一部にもサロンなどで、ようやくフランス革命が標榜した平等主義を実践する動きもみられるようになった。とはいうものの、社会はなお保守的な政治と後ろ向きの価値観に強く固執する傾向を示していた。こうした風潮は二十世紀になってもなお尾を引き、風刺家のカール・クラウスなどは「この世の終わりに当たっては、私はウィーンへ行く。そこでは何でも十年遅れて起こるのだから」との感懐を洩らすほどであった。

以下本章においては、この都市の進歩的かつ保守的な文化の両面性を念頭に、十八世紀のウィーンにおける音楽文化の発展の必要条件がいかに準備されていったのかを、宮廷、貴族、教会、一般市民、外国人のそれぞれの生活環境と社会的役割に即して検討してみよう。それによって、十八世紀後半のウィーンにおける音楽の誕生を可能にすると同時に、その発展の限界を画すこととなった社会的条件が明らかになるであろう。

1　皇帝と貴族のウィーン

皇帝とブルク（居城）

ウィーンの旧市街（インネレ・シュタット、またはインネンシュタット、現在のリング通りの内側に当たる一区の中心地域）は一二〇〇年にはすでに難攻不落の市壁に囲まれていた。一五二九年のオスマン帝国の第一次ウィーン包囲後、さらに数多くの堡塁（バスタイ）が作られ、住民の出入りは、約二十か所ある門（トーア）を通過することによって行われていた。市壁の外側にはグラシーという斜堤の空閑地が帯のように広がり市域を包んでいた。旧市街はたった三平方キロメートルしかなく、人口密度は極端に高かった。過密の人口と慨嘆すべき衛生状態に祟られ、十八世紀の最後の四半期だけでも、天然痘が八回も蔓延したばかりか、腸チフスと結核によっても無数の人びとが命を落とした。

旧市街の南西に位置するブルク（ホーフブルク、つまり宮中の居城）と呼ばれた建築物は、十三世紀から建てられはじめたという。繰り返される増改築の結果、多数のルネサンス様式とバロック様式の建造物が立ち並び、広場、楼、礼拝堂、武器庫、宝物庫、式場、劇場、馬場と騎馬学校、舞踏会場、美

図 1-1　1725 年前後のブルク広場における行列と行き交う人びと．後方にはミノリーテン教会が高々とそびえ立ち，遠くにはカーレンベルク山が見える．ザロモン・クライナー画．

術館、さらに十八世紀には三十万冊を所蔵した帝室図書館の堂々たる建物が順次加わり、ブルクはこれら大規模な建築物の集合体へと変容を遂げていった。

　十八世紀前半には、皇帝一家と政府の一部は主に冬季と初春の間をブルクで過ごし、五月から七月にかけてはウィーン南十六キロにあったラクセンブルク離宮に移転し、晩夏と秋は南東の徒歩約四十分に位置したファヴォリータ離宮(現在の四区)に暮らすのが普通であった。十八世紀後半になると、宮廷は夏季には通常旧市街の南西五キロに建てられた豪壮な別荘、シェーンブルン宮殿へと総移動した。

　皇帝と市民との間には架橋しがたい身分の溝が存在していたが、民衆は時折皇帝とその側勤めを実際に目にしえたようである。一七七四年のガイドブックによれば、冬の間、皇帝とその側近は毎週日曜日や祭日になると十一時に宮廷の礼拝堂に赴き、ブルク広場（図1-1）を荘重に通過することになっており、その時、ブルクの控えの間の入り口は開かれ、市民はこの行事を垣間見る機会に恵まれたという。また正月にも公開の食事会や公式な行事が開催され、正装に身を包んだ政府関係者が居並ぶ中、ウィーンとハンガリーの騎馬親衛隊がブルク広場まで進み、皇帝の住居の向かいに勢ぞろいした。なお、十一世紀のハンガリー国王であった聖イシュトヴァーン（シュテファン）の聖名祝日（命名聖人の祝日）の八月二十日にも、皇帝と騎士団は公開の食事会を催し、金羊毛騎士団の守護聖人であった聖アンデレの記念日の十一月三十日にも皇帝が団員とともに、一般に公開された食事会に出向いた。当然ながら、これらいずれの行事にもファンファーレなど、はなやかで勇ましい音楽が伴っていた。

市街と人口

オスマン帝国による最後の大規模なヨーロッパ侵略作戦であった第二次ウィーン包囲は、一六八三年失敗に終わった。一七〇四年に皇帝レオポルト一世はオスマン帝国軍とハンガリー・クルツ反乱軍の攻撃に備えるために、新たに全長約十三キロ半、高さ四メートル、厚さ四メートルの環状のリーニエンヴァルと称された土壁の建設を命じた。リーニエンヴァルは旧市街を囲んだ市壁の手前の町であった「新市街」（フォーアシュタット、現在の二区から九区）と「郊外村」（フォーアオルト、現在の十区から十

表1-1　1783年ウィーンの総人口

種　別	人数
旧市街の住民	52,053
新市街の住民	156,959
聖職者	2,139
兵士	12,530
ギリシャ人・ユダヤ人，外国人	30,550
計	254,231

de Luca, *Beschreibung*, S. 41より作成．

九区）の間を通って造られた。一七三八年にレンガで補強されたリーニエンヴァルを貫く道路には、十八の門と跳ね橋が設けられ、一七四〇年以降には、十四世紀の殉教者で市を洪水から守る聖者として拝められたボヘミアの聖ヨハン・ネポムクに捧げられた礼拝堂（カペレ）も設置された。

　同じ一七四〇年には、オーストリア王位継承をめぐる新興勢力のプロイセンとオーストリアとの間に戦争が勃発し、それによって政府は厳しい財政状況に直面した。経済を立て直すために、いくつかの分野で中世以降から存在していたツンフト（職業組合）の制約が少々緩められ、現在のイタリア、オランダ、ドイツなどの地域から労働者や熟練工などが呼び寄せられた。一七七〇年代になると、貿易の障害となっていた関税の多くも撤廃され、一七八〇年代には製造業の小売り活動と訪問販売への参入も自由化された。こうした過程において、ウィーンはやがて消費都市としてのみならず、高度な音楽文化を支える力を有する産業都市としても新たな発展への道を歩み出した。

　一七〇〇年には約十万人であったと推定される都市総人口は「オーストリア統計学の父」と呼ばれたイグナツ・デ・ルーカの一七八三年の調査によれば、約二十五万人にまで増加した（表1-1）。

十八世紀末のウィーンの総人口は同時代のロンドンのおよそ四分の一、パリの半分、ナポリよりも若干少なく、アムステルダムよりは少し多かった。しかし、現在のイタリアとドイツは、当時にあってはそれぞれ多数の細かい王国、都市国家、領地などに断片化されており、茫漠とした全領土内の膨大な人口から、音楽家を含めて優秀な人材を集中的に吸引する、ウィーンのような中心的大都市を欠いていた。またロンドンやパリは、確かに人口稠密《ちゅうみつ》な大都会ではあったものの、それらを囲む全国土の人口は逆に少なかった。譬《たと》えていえば、ロンドンやパリは小さな胴(国土)に付いた、不釣り合いに大きな頭(首都)のようなものであった。これとは対照的に、ウィーンの人口はハプスブルク君主国領土の全人口に比して少なく、わずかその一%にしか満たなかった。

ウィーンの貴族

十八世紀後半にドイツ語圏の音楽家がウィーンに結集しはじめた理由の一つに、一七五六年に始まった七年戦争がある。この戦争の結果、プロイセン(ベルリン)とドレスデンの宮廷が疲弊し、続いてシュトゥットガルト(ルートヴィヒスブルク)とマンハイムにおける宮廷音楽文化も衰退したという歴史的条件が見逃せない。一七七〇年代になると、活躍の場を探す音楽家たちにとり、音楽に比較的大きな予算を割いていたハプスブルクの宮廷、さらには貴族たちが多くの団員を擁して創設したいくつもの楽団などを抱えるウィーンは、自然に魅力的な都市となっていった。

一七九四年に刊行されたデ・ルーカの著書によると、一七八三年のウィーン在住貴族は七五四二人と推定されている。ただ、この数字は自己申告に依拠していたことを考えるならば、やや控えめに見なければなるまい。デ・ルーカ自身がその九年前に発表した統計では、貴族二六五八人という数字があげられており、そちらの方がより実態に近いかもしれない。いずれにせよ、これほどの数の貴族がこれほど狭い市域に集住している欧州の都市は他にあまり例を見ない。

一口に貴族といっても、彼らはいくつかの階層に分けられていた。一七九四年にデ・ルーカは、侯爵（フュルスト）二十三家、伯爵（グラーフ）七十四家、男爵（フライヘル）四十九家、騎士（リッター）四十八家と見積もっている。むろんその数には時代によって増減があった。またペッツルによれば、貴族は侯爵、伯爵、男爵（二代目以降）の「高位貴族」に分類され、それ以外の新興の男爵と、政府に騎士（リッター）・貴人（エードラー）に任命された者たちから成る「二等の貴族」（下位貴族）とは区別されていた。領地を所有した高位貴族のほとんどは旧市街に宮殿（パレー）を構えていた。また国家のための功績が顕著と認められて皇帝より授爵したり、事実上購買によって昇格したりした下位貴族のうちにも、旧市街にコンパクトな邸宅を建てて居住する者もいた。

このように大勢の貴族がウィーンに暮らしていたことから、ハプスブルク君主国領の消費はこの宮廷都市に集中する結果となった。とりわけボヘミアとハンガリー出身の貴族は、領地から搾り取った収入の大半をウィーンで使いつぶした。ウィーン人の贅沢ぶりに憤懣やるかたないニコライは、貴族が朝九時過ぎになっても起きてこず、夕食は夜遅くにならないととらず、その後も友達と連れだって愉しく舞踏会に出向き享楽に耽っていると記している。貴族たちは、オペラと音楽をこの上なく愛し、それらのために投じられた資金が都市の文化を大いに潤した。一七八四年にモーツァルトの演奏会の入場券を予約した聴衆の約半数は高位貴族、四十二%は下位貴族に属する裕福な住民たちによって占められ、中産階級の聴衆は残りの僅か八%にすぎなかった。

貴族のうちでも高位貴族は入れ替わりが少なく、他の身分の者との交際も拒み、おおむね閉鎖的で保守的な階級を成していた。広く名前を轟《とどろ》かせている政府高官でさえも、高位貴族と交わることは容易ではなかった。一方、下位貴族は時代の経過とともに、その数が増加していった。その結果、彼らの社会的地位は相対的に低下し、下位貴族と非貴族との境界線も曖昧《あいまい》になっていった。政府顧問や斡《あっ》旋《せん》人、宮廷と高位貴族に出仕した医師、銀行家、有力商人などの中にも、事実上、下位貴族扱いとなる者は珍しくなかった。

貴族の宮殿

十七世紀後半よりオーストリアとボヘミアに領地を有する諸侯は、続々とウィーンに流入、定住しはじめた。彼らは豊かな装飾が施されたバロック様式の楼殿を旧市街に建て、新市街と郊外村などにも夏用の庭園と離宮を普請した。この建設ブームは一六八三年のオスマン帝国によるウィーン包囲を破った後に再開され、宮廷の施設も増築され、教会も新しく建立された。長らくローマとナポリに滞在した建築家のフィッシャー・フォン・エルラッハはシェーンブルン宮殿、カールス教会、帝室図書館(現在のオーストリア国立図書館の大広間)、冬季馬術学校と呼ばれた屋内馬場(現在のリピッツァーナ馬の演技場)などを設計し、ノイヤー・マルクトのシュヴァルツェンベルク侯の都市宮殿(一八九四年に取り壊された)などの建設も任された。またイタリア生まれのヨハン・フォン・ヒルデブラントも、帝国軍総司令官として華々しい業績を挙げたオイゲン・フランツ・フォン・ザヴォイエン＝カリグナンのベルヴェデーレ宮殿(上宮)をはじめ、ペーター教会、キンスキー宮殿などの建設責任者となった。ブルクとともに、貴族の宮殿や市中に点在する教会は音楽演奏の重要な会場となり、ウィーンの新しい音楽文化発展の下支えとなってゆく。

2 ウィーンの教会

教会音楽の中核をなしていたのは、十二世紀以降、帝都の中央に屹立《きつりつ》し、ウィーンのシンボルとなる壮大なシュテファン聖堂(図1-2)であった。この教会建築について、十八世紀の記録者たちの評価は一致していなかった。一七七二年にバーニーは、それを内装が派手であるにもかかわらず、全体は「暗く、汚く、陰気な古いゴシック様式の建築である」とこき下ろしている。一方、同じ頃ウィーンに居を構えていたドイツ人の役者・劇作家のフリードリヒ・ヴィルヘルム・ヴァイスケルンは、この大聖堂について「たしかに古いゴシック様式の建築物ではあるが、その芸術性、壮麗さ、雄大さは否めない」と高く評価している。このように建造物としての評価は割れていたとしても、シュテファン聖堂が、宮廷の礼拝堂の一つであると同時に、その双肩にウィーン宗教音楽を担っていたことは否定しようがなかった。

図1-2　1794年のシュテファン聖堂．教会の前には少年聖歌隊の学校と宿舎（カペルハウス，またはカントライ）が付設されていたが，これらの建物は1803年に取り壊された．

このシュテファン聖堂以外にも、ウィーンには多数の教会が散在していた。ヴァイスケルンによれば、一七七〇年代には、旧市街だけでも四十七の教会と礼拝堂に加え、十五棟の男性修道院、七棟の女性修道院を数えたという。さらに新市街には六十六の教会と十七棟の男性修道院、二棟の女性修道院が林立していた。ヨーゼフ二世が宗教施設数の縮小を命じてから十四年後の一七九七年に刊行された手引きにもなお、市内の主なカトリック教会は十八、他宗派の教会五、新市街にはカトリック教会二十九の名前が掲載されていた。これらの教会関係施設の多くは、それぞれ合唱団、楽団などを維持し、ウィーンの宗教音楽の発展に大きく寄与していたのである。

十八世紀中葉以降、政府は教会権力の弱体化を図り、宮廷の宗教行事の削減に着手した。ケーフェンヒュラー＝メッチュの日記の記載によると、一七五八年には、宮廷では年間に一二〇回の公式ミサ、宗教行事、神聖なパレードなどが挙行されたのに対し、一七七〇年代にはその数が三分の一に、一七八〇年には五分の一にまで激減している。かつて都市の教育と出版物などの検閲の一切を委ねられていたイエズス会の権限も、マリア・テレジアの時世より次第に削がれてゆき、一七七三年には会自体がローマ教皇により解散された。その八年後、ヨーゼフ二世は全国の司祭の身分を一種の国家公務員に改め、同年に発布した宗教寛容勅令によって、ハプスブルク君主国中のルーテル教会、改革派教会、東方正教会の信仰実践に対する従前の制約が廃止された。そのためこれらの組織も個々に、独自の音楽伝統の涵養《かんよう》をはかることができるようになった。

教会の影響力のさらなる削減のために、ヨーゼフ二世は一七八一年十一月、領内の数多ある修道院の解散に踏み切った。一七八七年までに、オーストリア領およびハンガリー領域において、七〇〇もの修道院が閉鎖され、六万五〇〇〇人の修道僧が二万七〇〇〇人にまで減らされ、尼僧の一部も還俗させられた。没収された男女の修道院の財産と不動産は、主に国の教育施設、病院などの増設と維持に回されたが、この改革の副産物として、それまで修道院などで行われてきた音楽演奏と教育の伝統が途絶え、所有していた大量の楽譜や楽器が廃棄されたり消失したりしたことは見逃しえない。

ヨーゼフ二世の改革によって、宗教的祭日の日数も縮減され、ミサの簡素化も命じられた。にもかかわらず、教会は依然として音楽演奏や社交場としての役割は担い続けていた。

カトリックの美学

一五四五年に招集されたトリエント公会議で議せられ、一五六三年に教令された「改革、諸聖人の聖遺物、聖なる図像について」には、対抗宗教改革の芸術に対する基本姿勢が明示された。それによると、キリストが人類に授けた恩寵《おんちょう》の絶対的な価値を教徒に理解させるために、聖職者は理性的・論理的な議論を避け、音楽、絵画、物語などという媒体を通して会衆に救済の神秘を直感させることが求められた。「特に教会にキリスト、聖母、聖人の画像をおき、それらに対して適切に尊敬・崇拝を表さなければならない」と規定されていた。絵画や音楽を味わい、神話を聞いて尊ぶことにより、教義に対する信者の情動的な肯定的反応を呼び起こす方策であった。ローマ・カトリック教会は、プロテスタント教徒の通弊と考えられた独断的な聖書の読解を異端への近道と位置付けた。そのためカトリックの学校では、民衆の識字率の向上を目ざす知育よりは、児童に教義と祈りを暗記させ、音楽を伴う礼拝、行事、行列などに参加させることを通じて、幼い心に信仰心を養うことが重視された。

こうした教会の反知性的な方針を暗に批判して、シラーは、その詩句でウィーン人を毎日が日曜日のようにふるまい、食事なぞに至上の価値を置く「遊蕩者の国の民族」と風刺した。ニコライ、作家のハインリヒ・ザンデルやフリードリヒ・シュルツなども、貴族、一般市民を問わずウィーン人に顕著なオペラ、演劇などへの陶酔癖に言及し、首都の住民生活の並み外れた官能的傾向を繰り返し強調している。

ウィーン人の享楽重視主義についてのこれらの評価の是非はともかく、この地のこうした傾向が、宗教的な情操の育成のために芸術の利用をはかろうとした対抗宗教改革の方針によっていちじるしく助長されたことは否定できない。ペッツルは、知育や学問よりは、芸術を偏愛する市民の態度を次のように記している。

ウィーンにおいては、学問よりも芸術がはるかに深く尊敬され、高く評価され、おおいに支援されている。画家、彫刻家、銅版画家、音楽家は一種の社会的地位を得ており、その職業のおかげで、どこにでも出入り自由であるばかりか、有力者や富裕者の家より名誉や富をも手にしている。逆にここでは、単なる学問以外に、何の芸も持たない教師、作家、文人を自称する者たちは、はなはだ疑わしい目で見られている。だから、かりにそのような人物の肩書が取りあげられるようなときでも、ほとんどの場合人びとの冷笑を誘うだけに終わる。その結果、昔からウィーンには大勢の名だたる芸術家はいるものの、読む価値のある作家はほとんど生まれていないのだ。

当時、ウィーンはドイツ語圏内で最大の都市であった。にもかかわらず、たしかにそこには、文学や人文的学問の赫々《かくかく》たる伝統は育っていなかった。十八世紀のドイツ語圏にあって、文豪や著名な哲学者はほぼ例外なくプロテスタント地域に出現したのである。

3 市民のウィーン

市街地の生活環境

デ・ルーカの説明によれば、広義の市民(ビュルガー)層は職人、小規模の商賈《しょうこ》、下級官吏、医師、教師などから構成され、その人数の三分の一は、郊外の工場と店舗を営む手工業者などであった。

一方、狭義の市民とは、自らの店舗と住宅を所有し、公認のツンフトに所属した約六五〇〇人のより裕福な者たちを指していた。建設業やビール醸造などで富を成したこれらの人びとは、毎年市役場に一定額の「ビュルガー税」を納付し、市の行政に携わることもできた。高位貴族とは異なり、彼らには新しい思想と芸術に対してより積極的な態度を示す者が多く含まれていた。十九世紀を境に、後者のビュルガー層の中には公務員、企業家、銀行家などが加わり、その総人口に占める比率が増加した。それでも狭義の意味での市民は、十八世紀末の都市人口の四%前後を占めるにすぎなかった。

下位の市民より一段と低い社会的身分は、ウィーンの総人口の一割以上に当たる家事使用人、召使、女中、下男などから構成されていた。典型的な中流以上の家族と同様、ハイドン、モーツァルト、ベートーヴェンらは皆、下僕か下女を抱えていた。たとえばベートーヴェンが一八一六年に下僕とその妻に支給した報酬額は本人の年収の四分の一にのぼっていた。

　これらの雑多な身分の者たちが押し合いへし合いするインネレ・シュタットの実情を、バーニーは「通りは狭く、しかも通り沿いの建造物が高すぎるためにこの一帯は実際の倍以上に暗く、汚く見える」と記している。歩行者で埋まった歩道から一歩踏み出すと、馬車に轢《ひ》かれ、大怪我をしかねない。歩道は、商人が山積みした箱と樽で溢れ、おまけに物売りの女性たちが果物、靴墨、ヘアバンド、指ぬき、歯ブラシなどといった雑貨の仮売店を立てて、通行人はいっそうの難儀を強いられる。誤ってこうした売店にぶつかったりすると、店員から罵倒され、あげくのはてには賠償金を強要されると、ペッツルは憤懣混じりに書き連ねている。

　いうまでもなく都市環境は劣悪を極めた。道筋の埃は四六時中舞いあがり、冬季には薪ストーブの煙により大気汚染はさらに悪化した。都市の規模に見合った下水処理システムの整備は、当然まったく進んでおらず、大量の生活ゴミ、排泄物、毎日食肉加工される二〇〇から三〇〇頭の牛から出る廃棄物は、おしなべて川などに捨てられていた。その結果、ウィーン川は巨大露天トイレ同然の惨状を晒すこととなった。一八〇三年にベートーヴェンが一時住むことになるこの川沿いのアン・デア・ウィーン劇場周辺を訪れた見物人たちは、その耐え難い悪臭に閉口したと伝えられる。

図1-3　西南から見た19世紀前半のウィーン．中景(左)に1821年から1824年に建設された，ライプツィヒの戦いの勝利を記念する外城門，後方にブルクが建っている．その後ろにはシュテファン聖堂(右)，ミヒャエラ教会(中)，ミノリーテン教会(左)が見える．現在のリング通りがある，緑化された幅450メートルのグラシー(前景)の様子がよくわかる．ヨハン・ベネディクト・ヴンダー画．

しかし、この都市の昼間の悲惨な状況は、夜になると少しは軽減されたかに見えたようである。一六八七年に他の都市よりも一足早く導入されはじめた街灯が、午前二時まで市街を美しく照らした。旧市街以外のところでの環境整備も徐々に進められていった。一七六六年にはヨーゼフ二世が旧市街の東二キロにあった狩猟場プラーターを公園として市民に開放し、続いて一七七五年には旧市街北二キロ弱にあるアウガルテン離宮の広々とした庭園も一般公開した。一七八〇年から翌年には、グラシーの緑化も進み、住民が愛用する散歩道となった(図1-3)。混み合う旧市街を脱け出し、公園やグラシーへ行楽に出掛けることは、ウィーン市民がこよなく好んだ余暇の過ごし方であった。

とりわけプラーターには音楽演奏会場を兼ねた何軒かのカフェーハウスなどを含む娯楽施設が多く備えられ、夏の夜空には数万人の観客のために燦然《さんぜん》たる花火が打ち上げられた。公園には自然も充分に残されていたようで、一七八四年にサリエーリがアイルランド人のテノール歌手のマイケル・ケリーとともにそこで歓談していたところ、二人はイノシシに遭遇し、大慌てで逃げ去ったという逸話を、ケリーがおもしろおかしく伝えている。

ウィーンの市民生活

高位貴族の侯爵や伯爵などは、数十万グルデン(またはフローリン、銀貨)の年収を誇り、政府高官も数千グルデンの給与を得ていたとされる。他方、一八三〇年のウィーンで死亡した者の統計から判断すれば、人口の四分の三は、ウィーン全体の私有財産の僅か二%しか所有していなかった。想像を絶する階級間の所得格差が察せられる。

旧市街の人口の推定二割は宮廷と中央省庁の仕事に従事し、旧市街全般の生活水準の高さを支えていた。豪商、銀行家、企業家、ロビイストなども旧市街の私邸に住み、贅沢な宿を借りたことから、地価と賃貸料が上昇し、中層・下層の市民が徐々に郊外の村へと押しやられた。一七七三年にフランスの将校であったジャック・ギベールは、みじめな部屋の宿賃でもパリのアパートの家賃より高い、と愚痴をこぼしている。ウィーンの旧市街が高級化していった結果、ここではパリとロンドンと比較しても貧困者の姿を見かけないとリーズベックが指摘している。
一七八二年モーツァルトは、年収一二〇〇グルデンほどあれば、結婚してもまずまずの生活ができる、と手紙に書いている。宮廷楽団（ホーフカペレ）楽長のサリエーリは一七八四年に八五三グルデンの報酬を得ていたが（他に住宅手当などもあったと思われる）、楽団のコンサートマスターの俸給は年間四五〇グルデン、管楽器奏者は三五〇グルデンほどにすぎなかった。一七九二年のケルントナートーア劇場のオーケストラの個々の楽団員（弦楽器）には、一二五グルデンしか支給されていなかった。それでも他の業種と比べて彼らはましな方で、下級の労働者と召使は（業種と能力により日給に差はあったものの）、一日せいぜい十五から二十クロイツァー（銅貨、一グルデンの六十分の一）しか期待できなかった。下女は年間約十六から二十グルデン、家庭教師は五十グルデン前後を受け取っており、この微々たる報酬を宿泊あるいは食事などの現物支給で補い、時として贈り物などに恵まれることもあったようである。

一七八六年前後、旧市街での暮らしは単身で質素であっても、年間四六四グルデンもかかったとペッツルは計算しているが（**表1-2**）、この金額には医療・薬代、交通費、諸雑費は含まれていない。なお、**表1-2**にある家賃の六十グルデンの部屋は手狭で

表 1-2　旧市街の市民の生活費

種別	1786 年（グルデン）	1804 年（グルデン）
食費	180	500
衣類	160	225
家賃	60	128
理髪，下男	30	44
薪，照明	24	40
洗濯	10	30
計	464	923（ママ）

Pezzl, *Neue Skizze von Wien*, Bd. 1, S. 161 より作成．

暗く、建物はたいていレンガと石造りで、夏は暑く冬は寒い至って粗末なものであった。

音楽活動に伴う費用もばかにならなかった。一七八一年の『ウィーン新聞』によれば、アルタリア社販売のヴェネツィア製の五線紙一枚が二クロイツァー、オランダ製のものは三クロイツァー半もしたことが知られる。一七九六年にウィーンの音楽界を微に入り細にわたって記録したヨハン・シェーンフェルトによれば、ワルター製の立派なピアノは、大きさにより二二五から五四〇グルデンで販売されていたという(これをハイドンは高すぎると考えたようである)。これに較べ、アウクスブルクのシュタインのピアノに類似するアクション(鍵盤を弾いた時に弦を叩くハンマーを動かす仕組み)を持つシャンツ製の楽器はおおむね一八〇から四五〇グルデンで少し安く、ハイドンは一七八八年にシャンツのピアノ(スケア・ピアノか)を一四〇グルデンほどの値で手にしている。これよりさらに安かった「イギリス型」の小型楽器でも、一一三グルデンという値段で売られており、中層以下の人びとの購買力を超えていた。所有を断念し、ピアノを借りた音楽家は高い賃借料を支払わざるをえなかった。一七九二年ウィーンに到着したばかりのベートーヴェンもその一人であり、一か月六グルデン以上を費やしたといわれる。

オペラと音楽会の入場券も安くはなかった。ケルントナー市門の隣にあったケルントナートーア劇場の最も安価な天井桟敷席は一七八五年の場合、十クロイツァー、貸し切りのロージェという個室のようなボックス席になると、四グルデン以上もした。モーツァルトが一七八四年に催した三回の演奏会の入場券は通しで六グルデンの値がついており、一般市民にとっては高嶺の花であった。また、インフレの進行により、一七七六年には三グルデンであったブルク劇場のロージェも、一八〇五年には五グルデンまで値上がりし、さらに一八一〇年には十五グルデンへと跳ね上がった。

貴族に倣う市民

ウィーンの高位貴族は宮廷の生活ぶりを真似し、下位貴族は高位貴族の行動を模し、上層市民は下位貴族に倣い、中層市民は裕福なビュルガー層の風俗の模倣に努めた。おおかたのところ、支配的な文化はやはり支配階級の文化であった。貴族が宮廷に出入りし、市民が貴族に仕え、下層の人びとは召使などとして市民に雇われることは、模倣願望をかき立てることとなった。狭い市域に押し込まれた者たちは、日常的に互いの言動や振る舞いを観察し、資金力に恵まれさえすれば、目上の階層の言行を再現することにそれほどの困難はなかったであろう。

貴族の象徴の一つは爵位であり、それは立身出世の条件、あるいは成功した証にほかならなかった。大学で教鞭をとりながら政府顧問を務めた啓蒙主義者のヨーゼフ・フォン・ゾンネンフェルスが一七六八年に指摘したように、当時のウィーンには「笑うべき爵位願望」がはびこっていた。ニコライも「ウィーンには様々な位の貴族が非常に多いが、爵位志望者はなお多い。職人や商売に従事する者でなければ、誰もが敬称で呼ばれたがっている」としており、この陋習《ろうしゅう》の起源を、昔ハプスブルク君主国の領土であったスペインに求めている。十八世紀後半にウィーンの人口増加に比して爵位の授与率が急上昇したとはいえないものの、下級の新興貴族の絶対数はあきらかな増加を見た。

その傾向は音楽界にも及びつつあった。ホーフカペレの副楽長ヨハン・ゲオルク・ロイターはすでに一七四〇年に、バレエの振付師のフランツ・ヒルファーディングは一七六〇年代にそれぞれ爵位を得ており、グルックは一七五六年、ディッタースとモーツァルトはともに一七七〇年にローマ教皇より「黄金拍車勲章」を授与され、貴族の身分を示す「フォン」という語を名前に付けることが許された。なお、ディッタースは一七七三年に騎士の身分となり、ディッタース・フォン・ディッタースドルフと呼ばれるようになった(ディッタースドルフという村は実在しない)。音楽界の女性にも、一七七四年作曲家のマリアンナ・マルティネスの家族が貴族の列に仲間入りした例や、著名なピアニストであり作曲家のマリア・テレジア・パラディース(全盲)のように「フォン」と呼ばれるようになった例は少なくない。

貴族の文化と習慣を一般市民が模倣する事例は、爵位の追求に限られなかった。ペッツルはたとえば、皇室は来賓のため豪勢な舞踏会を開き、宮仕えする外交官等はそれに接して、自らも貴族などを自宅に招き舞踏会を主催したことを記録している。そしてこうした風習はさらに、上中層市民の役人、銀行家などが催すより規模の小さいダンスパーティーへと広がり、さらには、ダンスが三度の飯よりも好きな下層市民は「ワインの瓶がある場所、あるいは音楽が聞こえる場所」に集まり、権力者と金持ちの振る舞いを暗黙の手本にして遊びに興じたのであった。

これに類似するいわば遊興の上昇志向は随所に見られた。慧眼《けいがん》のペッツルが観察したところによれば、十八世紀後半のブルジョワジーは黙々と遊ぶトランプなどの娯楽には飽き足らず、貴族に倣い、音楽を奏で、家で寸劇を演じ、あるいは文学と美術などについて歓談する浅酌低唱のサロンを開いたりしたという。トランプなどは、風流に疎《うと》い憐れな者がやりたがる無粋な余暇の過ごし方と見なされるようになった。ペッツルは、市民が貴族の堅苦しい態度をすら美徳と見なしていることを鋭く指摘している。「いわゆる正餐を食する際には昔の愉快さ、自由さ、快適さは感じられない。肩が凝る姿勢で、遠慮深く、お世辞を交わしながら食事をとる。高級な暮らし向きに慣れているように見せかけるため、男は水しか飲まない。富豪の大邸宅では刀を挿したまま食卓に着く」ようになったのである。

市民は、より円滑な社会的上昇を目ざし、上位階級の教養や素養の習得にも熱意を燃やした。一七九二年のガイドブックが、上層市民にとっての優雅な食事のあり方を説いている。それによれば、食事の席において、上層市民は繊細さと豊富な経験を重視するように求められている。喧嘩は禁物で、反論するよりは相手に教示を乞うのが得策である。「違う」と断言するのは無礼で「このようになっているのではないでしょうか」などと慎重に推測するのが上品な言い方とされる。重大な事柄に関する話であっても、それらは軽い調子で処理される。「一個のアーティチョークが剝かれる間に、一つの学問体系がことごとく取り壊され、アイスクリーム一杯を食する間に、国家機密が暴き出される。

牡蠣料理の器がまだテーブルをひと廻りしないうちに、三つの戯曲と十編の論文が糾弾され、しかも場合によってそのやり方は巧妙きわまりなく、名高い雑誌に載る記事にも劣らない」。会話に博識の雰囲気を漂わせるために、多種多様なテーマが取り上げられ、話題は自然にたんたんとあちらこちらへ飛躍し、オペラの話からオスマン軍のウィーン包囲に進み、帽子の流行から永遠の世界平和へと展開する。このような軽妙な社交は、学識者による深い洞察にはなじまず、彼らはむしろ笑いの対象とされ、ついに沈黙を守ることが上分別であると悟らざるをえない。

かくして、十八世紀のウィーンの芸術に対する評価基準も社会の上から下へと流れた。その大きな理由の一つに、社会的地位のより低い者の上昇願望があったことは否めないにしても、それだけともいえなかった。宮廷や貴族などの権力者層が、それまでに蓄積し、発展させてきた芸術的手段は、実際質的に最も洗練されており、量的には膨大であった。一般市民も、多少ともその恩恵に与《あずか》り、それらの手段を利用し、自らの文化に活かそうとしていたのである。

しかし注目すべきは、ここでは文化の流れが一方向的ではなかったことである。劇場において、皇帝と高位貴族の美意識が市民の嗜好に影響を及ぼしたことに疑いはないにしても、たとえば舞踊の分野で上流社会お気に入りのワルツなどは、もとはといえば地方住民の間に伝えられてきた踊りを原型とするものに他ならなかった。それが貴族社会の中に取り入れられ、そこで都会風の踊りと音楽が、また地方社会に逆輸入され、一般に普及するというサイクルもあったのである。時に貴族たちは、市民層の著者により作られた戯曲や文学作品などを夢中になって読みあさり、中産階級に属した作曲家の音楽を熱心に聴いた。この時代の少なからぬ貴族出身の作曲家が、先代の貴族の作品ではなく、むしろ市民身分の巨匠の創作にかかる曲を模範としていたこともよく知られている。

4 多民族のウィーン

時代を問わず、ウィーンの文化の展開には外国人が重要な役割を果たしてきた。一五四八年、シュメルツルは「ウィーンへの賛歌」に、ウィーンの商業中心地であったルーゲック（旧市街）を描写している。それによると、この時期早くもウィーンには、異国の服をまとった商人がドイツ語はもちろん、ヘブライ語、ギリシャ語、ラテン語、フランス語、トルコ語、スペイン語、イタリア語、ハンガリー語、オランダ語、その他の外国語をしゃべりながら駆け回っていたという。まるで「バベルの塔にでも来たのか」という感懐をシュメルツルは洩らしている。

十六世紀にスペインの貴族がまずウィーンに住みはじめた。続いてイタリアから芸術家、建築家、音楽家、技師などが続々とこの都市に引き寄せられていった。ついでバイエルン地方とオーストリアのアルプス地方からの移民、その後にはボヘミアの職人などが続いて流れ込んでいった。一七四二年の統計によれば、職人のマイスターにウィーン生まれの者が占める割合は僅かその四分の一にすぎなかった。一七九二年の手引き書は、ウィーン人の祖先を三世代遡《さかのぼ》れば、必ず外国人に当たると記した上で、このままいけば「生粋のウィーン人はそのうち途絶えてしまうであろう」と警鐘を鳴らしている。

実状に照らせば、これは甚《はなは》だ誇大な表現であったようである。表1-1にあるように、一七八三年にデ・ルーカはウィーンに「ギリシャ人・ユダヤ人、外国人」三万人余の在住者を数えており、一八〇七年にウィーンの外国人人口――より正確にいえばハプスブルク領下のドイツ語を母語としない住民――は総人口の六%から七%を占めるにすぎなかった、とペッツルは推定している。しかし、逆にこの数字からは膨大な旅行者など非定住の一時滞在者、他国の政府高官、大使、外交官やその下僚や従者や使用人、出稼ぎの工場労働者や召使、園丁、馬丁など住み込みの家事労働者などは除かれている可能性も高く、ウィーン人口の多民族性あるいは多国籍性は過少に見積もられているかもしれない。

正確な人数は別として、ロンドン、パリ、ナポリなどと比較しても、ウィーンの民族的構成の多様性は旅行者を驚かせた。一七八一年にニコライは、アムステルダム以外、あれほどの外国人が聚合《しゅうごう》し、あれほど多くの言語が話されている土地は、西欧では他にない、と述べている。同じ頃にリーズベックも、宿の窓から旧市街のケルントナー通りの光景を眺め、その人混みはパリのポンヌフ(新橋)界隈に劣らないといい、しかも歩行者の群衆は遥かにカラフルで「トルコ人、セルビア人、ポーランド人、ハンガリー人、クロアチア人」などが土地の人びとと入り混じって散歩しているとの観察を残している。

この民族的多様性は当然この都市の音楽事情にも大きな影響を及ぼした。とりわけイタリア出身の作曲家と歌手、あるいはボヘミア人の器楽演奏者が果たした役割抜きには、ウィーンの音楽史は語れない。一七九〇年に、オペラのリブレット作者として知られたイタリア人のラニエリ・デ・カルツァビージは、ボヘミアに育ったグルックとともに改革オペラを創始したことで知られるが、このような企てをウィーン以外の場所で始めることはできなかったと後に話している。彼は、それが可能だったのは「ウィーンの聴衆はすべての国の蒸留物である」からという理由を挙げている。

5 協力と競争

十八世紀末のウィーンの人口密度はロンドンやパリに比して非常に高かった。ペッツルによれば、一七八六年にはロンドンの一軒の建物には平均九人、パリでは二十人が住んでいたという。しかし同じ年、宮廷と貴族の宮殿がひしめくウィーンの旧市街では、残された狭隘《きょうあい》な土地に建てられた一三一〇軒の市民用住宅に、平均四十七人が居住していた。

コンパクトな旧市街に集住し、身分と経済力が一様でない住民たちは、否応なしに互いに接触し、複雑な人間関係で結ばれた。偶然同じ建造物に住む者——とくに身分的な差の少ない者——同士は、

図1-4　1786年前後のコールマルクト．右側の建物が「大ミヒャエラハウス」．絵の左側，少し上の人びとが群がるところに楽譜出版大手のアルタリア社が入ったが，1789年に同社は「大ミヒャエラハウス」の奥に隣接する建物に移った．1830年から1831年ウィーンを訪れたショパンはアルタリア社と同じ建物の3階(後に4階)の部屋を月25グルデン(後に10グルデン)で賃借した．カール・シュッツ画．

図らずも同じ教会の礼拝に参加し、同じ舞踏会へ足を運び、同じコンサートで隣席することも少なくなかった。学校の先輩が思いがけず上司となり、紹介されたばかりの者がたまたま同じピアノ教師に師事する。こうして旧市街の人口密度の高さは自然に住民の情報交換と社会的ネットワークの成立を促す結果となった。また、狭くて寒い住居からの解放を求めて、住民は可能な限り外出し、友人とともに散歩したり、カフェーハウスを訪れたりし、会話と議論の花を咲かせた。

　具体例を一つ見てみよう。コールマルクトの「大ミヒャエラハウス」(図1-4、現在旧市街のコールマルクト十一番)という五階建ての建築物は一七一〇年前後に、一五三〇年にミラノにおいて創立されたパウロの教えに基づくカトリックの男性修道会であったバルナバ会によって主に賃貸用として建設された。一七二九年、マリア・テレジアの父帝であるカール六世によってウィーンに呼ばれ、宮廷作家として三〇〇〇グルデンの俸給に恵まれたオペラ界の大御所という地位にあったピエトロ・メタスタージオは一七八二年に亡くなるまで、この建物に住んでいた。そして一七四四年ウィーンに生まれた作曲家のマリアンナ・マルティネスも一七八二年まで同じ建物の四階に住居を構えていた。メタスタージオはマルティネスを寵愛し、彼女とその兄弟に全財産を相続させた。優れたピアニストにして歌手であった彼女は後年、自らの住まいにウィーンの有名な音楽家サロンを開いた。

メタスタージオとマルティネスが大ミヒャエラハウスに悠々と過ごしたその時期、同じ建物の最上階の暗く狭い、暖房設備のない屋根裏部屋に、声変わりして宮廷の聖歌隊を用済みとなった若きハイドンが貧窮生活を営んでいた。ハイドンが無理を押して大ミヒャエラハウスに移転してきた理由はおそらく、メタスタージオがここに住んでいたことを知っていたからであろう。いずれにせよ、ハイドンは三年間マルティネスに歌とピアノを教え、その見返りとして、無料で食事を提供されていた。一七五一年から一七五六年にはイタリア人作曲家のニコラ・ポルポラも同所の一階の部屋を借り、ウィーン在住のヴェネツィア外交官の情婦に歌を教えていた。レッスンの伴奏を嫌ったため、ハイドンを伴奏者として雇い、まだ経験の浅い後者を厳しく諭したという。ところが、向上心に燃えるハイドンは、叱責には一向に痛痒《つうよう》も感じなかったらしく、ポルポラから貪欲に歌、作曲、初歩的なイタリア語まで多くを吸収したのであった。そこには、メタスタージオもその若き日々、まさに同じポルポラから作曲を学んだという奇縁もあった。

さらにこの同じ建物の三階には、一七六一年にハイドンを雇用したエステルハージ・パル・アントンの母親も居住していた。ハイドンが後にエステルハージ侯に仕えることとの関係は詳らかでないものの、興味深い符合ではないだろうか。

このように見てくるならば、この大ミヒャエラハウスには、貴族と庶民、外国人と地元の者、困窮者と富豪、素人音楽家と職業音楽家、教師と弟子などが、雑居し、互いに複雑な人間関係で結ばれていた。この一軒の中でポルポラが作曲し、メタスタージオがオペラの台本を作り、ハイドンとマルティネスが音楽教育を受けている。そして四人はともに十八世紀後半のウィーンの音楽文化に大きく貢献することになる。大ミヒャエラハウスにて、そこにウィーンの音楽界の縮図を窺うことができよう。とはいえ、ウィーンの他の市民たちもそうであったように、大ミヒャエラハウスの住民たちは、全市域に住む者との激しい競合を強いられていた。作曲家、演奏者、音楽教師は競争相手を出し抜き、生き残るために多少とも優位な社会的地位を獲得すべく、党派を結成し、暗躍し、画策をめぐらしてゆくことになる。そして十八世紀後半以降のウィーン社会にあって、この市民間の熾烈な競争こそが、より完成度の高い音楽文化の誕生の産婆役となってゆくのである。

第2章
権力者と音楽
——ウィーンの皇帝、貴族、教会——

前章に見てきたように、ウィーンの最も強い社会的権力を維持していたのは宮廷、貴族、教会であったが、彼らにとって十八世紀はまさに波乱万丈の時代であった。様々な政治的、社会的、文化的変化の根底にあったのは、それまでの封建的生産様式から資本主義的生産様式を中心とする市場経済への変容であった。その変容過程は、既存の強固な家父長制度とカトリックの道徳イデオロギーなどに制約されてはいたが、それと同時に、国運の消長を左右した相次ぐ国際戦争、凶作、伝染病の蔓延などの影響も免れなかった。のみならず既存の権力層の支配は、啓蒙主義の普及、ヨーゼフ二世の一貫しない改革方針、そしてフランス革命によって、激しく揺さぶられた。

十八世紀中葉より国家財政の疲弊が進むと、多くの国家的事業は次第に自由化の対象となり、自由化による新たな可能性を追求するブルジョワジーが勢力を拡大し、余暇という新しい概念も生まれてきた。伝統的身分制度そのものが揺らぎはじめ、貴族の文化的覇権は徐々に衰退し、社会全般において芸術に対する需要が芽生えた。この複雑な過程が進行するにつれ、権力者が従来音楽界に供給しつづけていた音楽家の安定的な雇用と社会的地位の保障の継続はしだいに困難となっていった。しかし他方では、新しい市場の力が、音楽家や音楽教師たちにこれまでなかった活動の機会と場を与え、さらに音楽活動に営利的側面を見出した興行師たちにも、活躍のチャンスを広げつつあったのである。

以下本章では、この転換期の都市における、変転極まりない音楽界の実態を時を追って見てゆくことにしよう。

1　後期バロック時代の宮廷音楽

宮廷における最も重要な演奏団体は、正式名称は時代によってまちまちではあるが、その起源が十三世紀に遡り、ホーフカペレと通称された楽団であった。ブルクの一角、シュヴァイツァーホーフにある、こぢんまりとした宮廷の礼拝堂は、一四二〇年代に建てられ、一四四〇年代、一七四八年、一八〇二年と改築を繰り返した。ホーフカペレはこの礼拝堂を主な活動の場とし、皇室の礼拝、祝典などの行事に音楽演奏を担当した。一五二七年に発布された「カペレ規則」より、当時の聖歌隊と楽団には常時五十人から七十人の団員が所属していたことが分かる。十七世紀から十八世紀にホーフカペレの任務は次第に拡大され、一七二〇年代には年間四〇〇以上の宗教行事に携わっただけでなく、ブルクで催された祭礼、巷《ちまた》の道筋で挙行された行列、ウィーンのいくつかの教会での礼拝、宮廷劇場で上演されたオペラなどにも登場した。くわえて夏季、暑さを避けて宮廷が郊外の宮殿に移動した際には、そこに完備された礼拝堂でのミサの音楽演奏も担った。

カール六世は、玉座に就く以前よりホーフカペレを拡充し、一流のアンサンブルにまで育てあげた。十七世紀半ばより、ヴェネツィアとナポリから輸入された華麗なバロック・オペラやバレエも宮廷で上演された。一七一五年には作曲家として高名であったヨハン・フックスが楽長として就任し、翌年イタリア人のアントニオ・カルダーラが副楽長となり、二人は無数の宮廷用宗教曲、オペラ、世俗音楽などを作り、ホーフカペレの評判をさらに高めた。

表2-1には一七二三年(カール六世がボヘミア王となった年)のホーフカペレの楽器編成、構成員、俸給が示されている。原史料には無償の演奏者、他の予算によって賄われた俸給による臨時採用の音楽家などは掲載されておらず、逆にそこには、病気休暇、休職中、その他の理由で欠勤した者が含まれていたと思われる。

この表の数字から推して、演奏者総数は一一〇名以上、それに楽長、副楽長、作曲家、楽器整備士、二年任期の研修生(徒弟、ホーフスコラレン)、退職者などを加えると、この頃までにホーフカペレが巨大組織に膨れあがっていたことが分かる。この年の団員が得た報酬(六名は不明)の総額は十万三〇〇〇グルデン以上に及ぶ。聖歌隊は三十九名からなり、器楽奏者の最も多いのはヴァイオリン奏者(おそらくヴィオラも兼ねたであろう)であった。意外なことに、ここにはフルートが欠如しており、その存在は一八五七年まで確認できない。

ホーフカペレ以外には、皇帝の寡婦のための礼拝などで音楽を奏するいくつかの小規模なカペレも併設され、各施設に演奏者二十名から三十名が勤めていた。ホーフカペレに欠員がない場合、あるいは楽団が縮小された際、卒業した研修生が過渡的措置として寡婦の礼拝の音楽演奏に従事することが多かった。ホーフカペレの音楽家とともに、この演奏団に所属した奏者は、宮廷の音楽文化を支える重要な役割を果たした。

表 2-1　1723年のホーフカペレの楽器編成，構成員，俸給

役目・担当楽器など	人数	年俸(グルデン)
取締役	1	
楽長(フックス)	1	3100
副楽長(カルダーラ)	1	1600
作曲家	3	1440
演奏会まとめ役	1	720
女性歌手	6	400-2700
少女歌手(うち1名は徒弟・予備)	3	
男性歌手(ソプラノ)	8	648-1440
男性歌手(アルト)	4	750-1800
テノール	10	500-1800
バス	8	500-1260
オルガン	7	500-900
ヴァイオリン	27	360-1800
ヴィオラ・ダ・ガンバ	1	720
バリトン(擦弦楽器)	1	540
リュート	1	
テオルボ(撥弦楽器)	1	1440
ハンマー・ダルシマー	1	1000
チェロ	6	360-1800
コントラバス	3	480-700
コルネット(ツィンク)	2	500-720
トロンボーン	4	440-900
ファゴット	4	500-1800
オーボエ	8-9	500-720
ハンティング・ホルン	1	360
トランペット	15-17	135-790
ティンパニ	1	400
研修生	9	
楽器整備士	2	
オルガンのふいご踏み	2	
リュート製作者	1	
写譜師	3	
(退職者)	(20)	
計(現役)	約134	

Köchel, *Die kaiserliche Hofkapelle*; de Luca, *Topographie von Wien*, S. 377-380 などより作成.

2　音楽家としての十八世紀の皇帝たち

マリア・テレジアとその家族の音楽活動

レオポルト一世(一六四〇年生、一七〇五年没)とヨーゼフ一世(一六七八年生、一七一一年没)など、音楽の才能を発揮したハプスブルクの皇帝は少なくない。彼らは単に臣下に演奏を命じて音楽鑑賞を愉しんだにとどまらず、市民階級出自であっても優れた教師を宮廷に呼び、熱心に個人指導を受けた。

カール六世の皇女たるマリア・テレジアは、歌をホーフカペレの団員ではなかったヨハン・アドルフ・ハッセに、チェンバロをゴットリープ・ムッファトとゲオルク・クリストフ・ヴァーゲンザイルに師事した。ムッファトとヴァーゲンザイルはともに、ホーフカペレの研修生と皇帝寡婦のカペレの鍵盤奏者を務めた経験を持ち、多くの鍵盤作品を残した著名な音楽家であった。マリア・テレジアは、ダンスと演技にも優れており、すでに一七二四年、七歳にしてカルダーラ作曲のオペラにダンサーとして出演し、国際的な話題となっていた。バーニーはこの楽才豊かな女帝とその一家を次のように描写している。

女帝女王は注目すべき音楽家であり、数年前、彼女が見事に歌うのを聴いていたとロジエ(フランス人の医師で、優れたチェンバロ奏者でもあった）は私に語った。また、一七三九年彼女がまだ二十二歳で容姿端麗を誇った頃、フィレンツェでセネジーノと二重唱を歌ったことがある。年老いたセネジーノは、彼女の美声と、上品で安定した歌唱に心を奪われ、感動のあまり涙をこぼさずにはいられなかったという。女帝はつい先日、七十歳を越えた長命のハッセの妻、ファウスティーナ（・ボルドーニ）を相手に、自身は演奏家としてあまりに長い経歴を有するがゆえに、いまやヨーロッパ随一の――つまり経験年数の最も長い――ヴィルトゥオーソの歌手にほかならないと、冗談交じりに語られている。実際、彼女の父陛下によって、彼女はまだ五歳の時に、ウィーン宮廷の舞台に上がり歌唱させられたのである。

女帝一家の方々はおしなべて音楽的才能に富んでいるが、おそらく皇帝（ヨーゼフ二世）は君主にしては充分以上の技量に恵まれていた。つまり、チェロとチェンバロの演奏は、自身を愉しませる程度の腕前はあり、それなりに趣味がよく、他人の演奏をよく判断し評価できる耳を持っていた。メタスタージオが台本を書き、ハッセが作曲したオペラ『エゲーリア』（一七六四年ウィーンで初演）が、宮廷劇場で上演された際には、オーストリア皇帝の妹君たる四人の大公女が出演し、これを鑑賞していたことを、ある非常に有名な人物が数年前、私に語ってくれた。彼女たちの姿は当時、きわめて美しく、王女にしては歌も演技も大変上手であり、同じくとても顔立ちのよいトスカーナ大公（後に皇帝に即位したレオポルト二世）は、この時クピド（キューピッド）役を踊ったとのことである。

このように、ハプスブルク家の皇族たちは、進んで人々の前で演奏や演技を披露し、聴衆を充分に満足させるだけの音楽的才能を発揮したのである。皇位に就いた後のマリア・テレジアは、公の場での自らの音楽活動を抑制するようになったが、女帝の子女たちは徹底した音楽教育を受けていた。一七四六年には、彼らのダンス師匠として、宮廷のバレエ全体の監督を任されたフランツ・ヒルファーディングが採用された。皇女たちの歌稽古は、その後ホーフカペレの第二楽長となったヨハン・ゲオルク・ロイターが担当した。ハープ、チェンバロ、フルートを上手に奏で、歌声の美しさにも定評のあったマリー・アントワネットはグルックに師事した。皇室の兄弟姉妹による合奏もしばしば行われ、一七六五年一月のヨーゼフ二世とマリア・ヨーゼファの成婚祝賀の際には、シェーンブルン宮殿の劇場で、ヨーゼフの弟のトスカーナ大公がグルックの一幕オペラ『イル・パルナッソ・コンフーソ』(「混沌のパルナッソス」)を指揮し、四人の皇女たちがそれぞれ四神のミューズの役を演じた(図2-1)。

バーニーも述べているように、女帝一家の長男であったヨーゼフ二世はチェロとチェンバロを得意とし、宮廷御用の音楽家から教育を受けた。長じて後、彼は週三回あるいは毎晩、夕食後に一時間ほどフロリアン・ガスマン、サリエーリその他の宮廷楽師と組んで、ハッセ、ガスマン、ヨハン・オルドネツなどの作品の演奏に没頭した。ペッツルが一七九〇年に刊行したこの皇帝の伝記には「音楽は、彼にとって最も快い娯楽の一つである。多数の楽器からなる大きなアンサンブルではしばしばチェロを弾き、四重奏や少人数のグループでは鍵盤楽器を弾いた。また時々、劇場で上演されたオペラのアリアを歌った。純粋で心地よいバス声の持ち主である」と記されている。

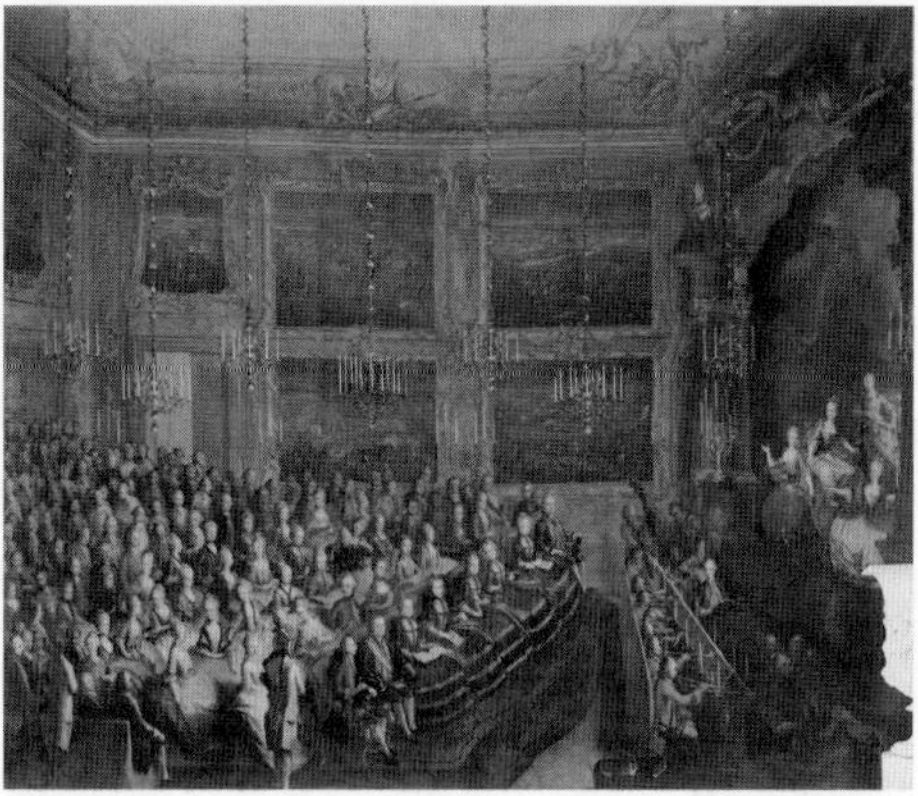

図2-1　4人の皇女たちがグルック作曲『イル・パルナッソ・コンフーソ』に歌手として登場している．楽団を指揮しているのはトスカーナ大公(後のレオポルト2世)である．ヨハン・フランツ・グライペル画．

以上見てきたように、ハプスブルク家の皇族は、当時にあってもっとも洗練された音楽文化を自ら先頭に立って振興する役割を引き受けていたといってよい。しかしだからといって彼らは、市中に流行していた歌芝居など、よりポピュラーな芸能をかならずしも軽侮して排斥したわけではない。たとえばヨーゼフ二世は新市街のレオポルトシュタット劇場に登場する「カスペル」という道化役の歌を大変気に入っていたという。ディッタースの自伝に伝えられているところによれば、ヨーゼフはその楽譜を入手して、プライベートの演奏会で繰り返し歌唱し、それにくわえて種々のジョークを披露して愉しんだそうである。ある日のそうした演奏会の終了後、ヨーゼフが、一人の下僕に「どうだったか」と感想を求めたところ、下僕は「殿下はまさしく道化者でございます」と即答し、ただちに畏《おそ》るべき無礼を働いたと悟り恐懼《きょうく》した。しかし、皇帝は「日頃、いつもお前を馬鹿者と叱ってきたので、うまく仕返しをされたなぁ」と笑って応じたという。

3　十八世紀後半のホーフカペレの動向

ホーフカペレの改革

オーストリアとロシアがフランス、スペイン、サルデーニャと戦ったポーランド継承戦争（一七三三年から一七三五年）と、オーストリアがロシア側に立ち、参戦した露土戦争（一七三五年から一七三九年）により、ハプスブルク君主国の経済は、大きな打撃をこうむった。さらにオーストリアとプロイセンの間で、シレジア（現在ポーランド領で一部はチェコ領）の主権をめぐって戦われたオーストリア継承戦争（一七四〇年から一七四八年）以降、軍事費の新たな財源確保が急務となった。他方で、合理的な政治を理想とした教養のある為政者の間で啓蒙主義も浸透しつつあり、宮廷の古風で輝かしい祝祭文化の時代はいよいよ終焉《しゅうえん》に向かっていた。

一七四〇年代後半、すでに事実上の女帝と国際的に認められていたマリア・テレジアは、音楽に関わる組織再編成に着手した。まず、後述の教会音楽改革に力を入れ、一七五一年から一七五二年には二つのオペラ劇場(ブルク劇場とケルントナートーア劇場)を宮廷から切り離し、ウィーン市の監督下に置いた。これにより、ホーフカペレの仕事は宗教音楽と室内楽に集中するようになった。

改組の主たる柱は、ホーフカペレの人員削減と運営方法の見直しであった。副楽長のカルダーラは一七三六年に故人となり、一七四一年には楽長のフックスも世を去った。そこから五年を経て一七四六年に、一七三九年以来副楽長を務めてきたイタリア人のオペラ作曲家にしてヴァイオリニストのルーカ・プレディエーリがようやく正式に第一楽長に昇格した。しかし、一七四七年におけるホーフカペレの改革によって、彼には「世俗音楽」――つまりオペラ、セレナーデ(小夜曲)、食事中の音楽など――のみが任されることとなった。

一方「宗教音楽・室内楽」の楽長として独立した行動が許された「第二楽長」には、ロイターが赴任した。ハイドン少年の「発見者」として知られたロイターは、十八世紀半ばのウィーン楽壇の重鎮となり、その独立性を強調するために「副楽長」ではなく「第二楽長」と呼ばれた。ロイターはすでに一七三一年に宮廷作曲家の地位に就き、一七三八年前後に父親の後任としてシュテファン聖堂の楽団長を兼ね、亡くなる三年前の一七六九年には、正式に宮廷楽長に就任した。

ドイツ人の地誌作者で法律家ヨハン・キュッヘルベッカーによれば、一七三〇年の時点で、ホーフカペレには年間二十万グルデンが費やされていた。しかし、一七五〇年代以降、経費節減政策が急速

図 2-2　1775 年前後のフロリアン・ガスマン．ヨハン・バルツァー画．

に進められていくことになる。従来、楽団の人事、報酬などは皇帝自らが管理してきたが、一七五一年二月の規約書によると、以後楽団の新任の採用・給与、病気休暇中の団員の補充などすべてがロイターに一任され、それらを賄うために年間定額二万グルデンが拠出された。さらにリハーサルと楽譜の写譜にかかる費用、旅費、団員の臨時採用などには、一六〇〇グルデンの補正予算が組まれた。そこでロイターに求められたのは、現役の団員の馘首《かくしゅ》ではなく、個々の団員の報酬の合理的な設定や退職や死亡による欠員の効率的補充による楽団予算の節減策であった。

この時に導入された部分的な自主採算制によって、新任の雇用条件は悪化し、非常勤団員が増え、従来の楽団員向け年金制度が廃止されたため退職者の多くが困窮に瀕した。一七五〇年のホーフカペレには、歌手十六名(うち女性二名)、ヴァイオリン奏者十三名(うち四名ヴィオラ奏者か)、オルガニスト六名、トランペット奏者六名、トロンボーン奏者六名などからなる合計七十六名から八十名が所属していた。三十年前のカペレと較べれば、かなりの人員削減であった。一七六五年頃には、こうした人材不足によって、宮廷に相応《ふさわ》しい音楽を提供するのは困難ではないかという批判も聞かれるようになったほどである。

ホーフカペレの楽団を二万グルデンで維持するという当初の計画は、結局頓挫する。そうしたなかロイターも一七七二年に他界し、改革路線は打ち切られた。彼の後任にはボヘミアで生まれ、イタリアで研鑽《けんさん》を積み、一七六三年ウィーンに転居したフロリアン・ガスマン（図2-2）が抜擢された。彼の下で旧雇用体制は部分的に復活をみたものの、宮廷が退職者と遺族への年金支給を拒みつづけたため、ガスマンは一七七一年に「音楽家の未亡人と孤児を扶助する会」（以下「音楽家協会」）を創立せざるをえなかった。その経費の大部分は個々の団員の自己負担とはなったが、皇帝が寄付した額に加え、定期的に行われた慈善演奏会の収益もあって、この扶助組織はかろうじて機能した。結局この協会は一九三九年まで存続したのである。

ホーフカペレの楽器編成と団員の待遇

ホーフカペレの楽器編成と聖歌隊の構成の変遷には、バロック時代から古典派時代への音楽様式の移行が確実に反映されている。たとえば、一七七一年を境に、ファルセットで歌った男性ソプラノとアルトの人数が減じ、作品の上声部は徐々に少年歌手が担当するようになった。楽団がオペラ上演に関わる仕事は減少し、それにともない専属団員であった女性歌手の役割も減じていった。その結果、一七八一年以降、三十七年間女性団員の歌手は一人も確認できない。楽器編成は、バロックの撥弦楽器のリュートとテオルボ、擦弦楽器のバリトンとヴィオラ・ダ・ガンバなどが姿を消した。一七八七年の楽団の根幹はヴァイオリン四名、チェロ、コントラバス、オルガン二名ずつ、トロンボーン一名などからなり、一七八二年四月に皇帝ヨーゼフ二世が結成した「ハルモニームジーク」(管楽器演奏隊)の八名がそれに加えられた。一七九六年のシェーンフェルトの報告にあるヴァイオリン十名、ヴィオラ二名が正確な数字であれば、世紀末には、弦楽器の団員数が多少増えたことになる。

ホーフカペレに正規雇用される機会に恵まれた団員は依然として安定した収入が期待できた。解雇の理由は、おおむね演奏の質の良し悪しにはかかわらず、それ以外の不祥事、多額の借金、公務員にそぐわない行動などといった音楽外の事情に限定された。ハルモニームジークに加わった名クラリネット奏者のアントン・シュタードラーが一七九六年前後に、長引く演奏旅行で繰り返し欠勤したために解雇された例は珍しいといえる。給与に加えて団員には制服が支給された。一八一六年の制服改革後には、教会での演奏、宮廷における食事の音楽、室内楽演奏の際などの制服は、銀刺繍と銀のボタンが施されたジャケット、白色のズボン、羽根付き帽子からなり、団員は帯刀して演奏した。ハルモニームジークのメンバーには、金のボタンの制服がその都度貸与された。なお、演奏用の楽器も個々の団員の私有物ではなく、楽団(宮廷)が所有・維持していた。

ホーフカペレ以外の音楽家による宮廷での音楽演奏

カール六世の時代であった一七三〇年代、キュッヘルベッカーが宮廷における音楽演奏について次のように記述している。

皇帝の誕生日の十月五日と皇妃の聖名祝日の十一月十九日の夕方には、ブルクにてセレナーデが演奏される。声楽と器楽の両方が演奏されており、きわめて素晴らしく美しい。そうした際、どのヴィルトゥオーソも自分の芸と技術をもって他に抜きんでようと競い、最も上手な歌手が演奏する。通常このような宮廷の催しには多くの人びとが出席している。全ての騎士やその他の紳士の参加が許されているのである。そこでは、快適で愉しい夜を過ごすことができる。皇帝が年間一人当たり六〇〇〇グルデンに及ぶ高額な俸給を支給することもあって、宮廷は比類のない音楽家たちを抱えていることは間違いない。そのためイタリアから最高のヴィルトゥオーソたちが渡来し、宮廷で競って運試しをしている。先に述べたように、ホーフカペレと室内楽団の大部分は、イタリア人で構成されている。

このような宮廷内の演奏会の習慣は、マリア・テレジアの治世下にも些《いささ》か質素な形で引き継がれた。たとえば、一七四四年の彼女の誕生日を祝う際にも小規模なコンサートが開かれた。誕生日の五月十三日はその年の昇天祭とぶつかったため、一日前倒しされた祝賀は、ブルクのカペレでの礼拝に始まり、重臣の挨拶、昼の食事などが午後四時頃に済むと、一家はシェーンブルン宮殿に赴き、六時から

「小さな室内楽」が催行されたとケーフェンヒュラー＝メッチュの日記は記録している。コンサートの主な演目は、当時ドレスデンで活躍していたハッセの創作にかかり、彼の妻で名ソプラノのファウスティーナ・ボルドーニとイタリア人のテノールのアンゲロ・アモレヴォーリが歌うアリアであった。このコンサートは、ドアが閉じられた鏡の間において、ごく限られた聴衆を前に挙行されたという。女帝一家以外に、同席を許されたのはわずか八名、男性は女帝の侍従長と宮廷楽長、女性は侍従二名、その娘二名、侯爵夫人二名にすぎなかった。ただし特別措置として、開いたドアの隣接する「緑の間」に、ケーフェンヒュラー＝メッチュともう一人が臨席を許されたようである。

　女帝一家が演奏に参加する音楽会も行われた。一七五九年十月四日、フランツ・シュテファン（フランツ一世）帝の聖名祝日にマリア・テレジアは夫に内緒でコンサートを計画し、二人の間の子供たちのほとんどが出演している。五歳のフェルディナント・カールはティンパニで序曲めいた音楽を奏し、ついで三歳にも満たないマクシミリアン・フランツが父帝賛美のためピエトロ・メタスタージオが作ったイタリア語の詩を朗誦《ろうしょう》した。次に一歳年上のマリー・アントワネットが短いフランスの流行歌（ボードビル）を歌い、十四歳のカールはヴァイオリン曲を奏し、ヨーゼフはチェロでその腕前を見せた。最後に二十一歳のマリア・アンナともう一人のマリア（絵画に長《た》けたクリスティーナか、歌を得意としたエリーザベトか）はピアノ曲を奏でた。前者は病弱のためもあって声は弱かったが、自らピアノを弾きながら「綺麗で純粋な声」で歌ったという。この音楽会については、シェーンブルン宮殿内に居合わせた者たち全員が列席を許された。

宮廷には、ウィーン在住の有名音楽家はむろんのこと、ヨーロッパ中からたまたま演奏旅行でウィーンにやってきた多くの名演奏者もしばしば呼ばれた。宮廷が音楽的な自給自足という理想を捨て、市民社会とそこに普及していたマーケットへの文化的依存度を次第に高めていったことを示している。無数の事例の中から、一七八一年十二月に催された二つの歴史的に名高い演奏会を見てみよう。まず、この十四日、ヨーゼフ二世は自らが愉しむべく、モーツァルトとそのライバルであったムツィオ・クレメンティに、ピアノ演奏の腕比べを命じている。優劣は直ちに決め難かったらしく、皇帝は陪席していたディッタースに意見を求めた。ディッタースが「クレメンティの演奏で優っているのは技術だけです。モーツァルトには技術に加えて、良い音楽的趣味があります」と答えると、皇帝は「同感である」と応じ、事の終了後ただちに二〇〇グルデンをモーツァルトに贈っている。

その翌日には、一七九六年ロシア皇帝となるパーヴェル一世の妻マリア・フョードロヴナが、ウィーン滞在中に宛がわれたブルクの一室にて「著名な男女の音楽家が演奏を披露した」大音楽会を主催したという記録が『ウィーン新聞』に残っている。この音楽会では、ハイドンの新作『ロシア四重奏曲』(Op. 33)から一曲が初演され、一七八二年一月十二日の『プレスブルク新聞』によると、ハイドンは宝石で飾られた金製の箱を、四人の演奏者もそれぞれ金製のタバコ入れを下賜されたという。

4　ウィーンの貴族たちと音楽

ロンドンの貴族とは異なり、十八世紀のウィーンの貴族たちの多くは自邸に見事な楽団を置くことによって、快楽に浸るとともに自身の権力と品格とを世に誇示しようと努めた。そこでは音楽家を経済的に支援する行為も、高い家柄の象徴と見なされたのである。自らの大邸宅で定期的に音楽会を催し、貴族自身も作曲と演奏に夢中になった例も珍しくなかった。

皇帝の場合と同様、高位貴族たちも何らかの祝福・記念すべきことがあれば、音楽演奏で寿《ことほ》ぐことが当たり前とされていた。当日の祝い事の特別性や固有性を強調するためには、新曲の披露が最適の方途と考えられ、しばしばホーフカペレに属さない著名な作曲家も作品を委嘱され、楽器の名手が演奏を依頼された。こうしたしきたりに適った行為によって、主賓には最高の敬意が寄せられ、その見識と気前の良さが広く一般社会にも喧伝されたのである。

貴族の宮殿（パレー）における音楽演奏

当時、演奏者と作曲家にとって、貴族の宮殿は欠かせない演奏施設であった。とりわけオペラが上演禁止となった四旬節中と主な宗教祭日には、まちの至る所にあった宮殿で音楽会が催され、それらの波及効果はきわめて大きかった。どこかの演奏会で紹介された作品や演奏が評判となり、それらの音楽家に箔が付くや、彼らは別の貴族の家にも高額の謝金で招かれ、新作を委嘱されたり、専属楽団の楽師や楽長として採用されたりする機会に恵まれることになる。

こうした事情をつぶさに知るレオポルト・モーツァルトは、一七六二年十月、六歳の息子と十一歳の長女を連れてウィーンに赴いている。到着すると、彼は悪天候をものともせず、すぐさまコルアルト伯の宮殿（現在の一区アム・ホーフ十三番）を訪れ、子供たちの神童ぶりを驚嘆する聴衆に見せつけたという。ウィーンでの滞在三日目には、神聖ローマ帝国副首相のコロレード伯の宮殿において、大勢の大臣と貴婦人を前に、ふたたび子供たちに演奏させた。さらに、音楽愛好家として知られたパルフィ伯、ザクセン＝ヒルドブルクハウゼン侯、その他の貴族の宮殿をつぎつぎと巡り、息子と娘を多くの音楽会に参加させた。ザクセン＝ヒルドブルクハウゼン侯はその宮殿（図2-3）で、一七五〇年代ウィーンにおいて最も華々しい演奏会を定期的に催したことで知られる。侯に仕えたディッタースが自伝に記したように、一七五一年より一七六一年にかけて継続的に開かれたこのコンサ

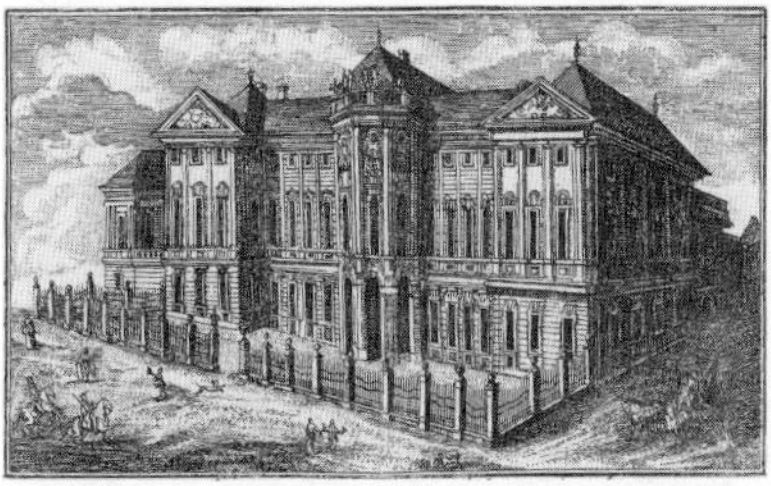

図2-3　1777年にヨハン・アダム・フォン・アウエルスペルクの所有となったヨーゼフシュタット（現在の8区）にあったザクセン＝ヒルドブルクハウゼン侯爵の宮殿（1779年の挿絵）.

ートで楽団を指揮したのは、一七四一年以来の宮廷作曲家ヨーゼフ・ボンノであり、この演奏会には、ウィーン在住の名演奏者たちはもちろんのこと、モーツァルト家のような来訪者も多数加わった。

ウィーンに移ってからも、モーツァルトは繰り返し貴族たちの宮殿などで作品や即興演奏を披露した。一七八四年三月三日付けの父宛の手紙で、彼は三月にはエステルハージ宮殿だけでも九回ものピアノ演奏の予定があり、ウィーン在住のロシア大使のガリツィン侯の邸宅でも五回演奏する約束であると報告している。またピアニストでもあった友人のトゥーン伯爵夫人が一七六〇年代より定期的に主催し、時には皇帝すら臨席したといわれている音楽会で演奏したことも伝えている。当時の高位貴族の間では、職業音楽家や、演奏旅行中のヴィルトゥオーソ、名オペラ歌手などを自邸に有償で招き、主催者自身、その家族、社交界の仲間などが演奏に加わることが普通に行われていた。

ハイドンとエステルハージ侯

ハイドンが長く仕えたエステルハージ・ミクローシュ侯爵は、ハンガリーとウィーンを往来しながら、いくつかの宮殿において数限りない演奏会を主催したことで知られている。リーズベックが一七八四年に報告しているところによれば、エステルハージ家には六十万グルデンという巨額な年収があり、ウィーンの宮殿とアイゼンシュタットの宮殿などを維持しながら、さらにノイジードラー湖の南端(ウィーンより南東約九十キロ)にも「ハンガリーのヴェルサイユ」と呼ばれたエステルハーザという宮殿を建てるほどであった。
エステルハーザの本館は一七六六年前後にほぼ完成し、二年後には附属のオペラ劇場（四〇〇人収容可能）も竣工した。当初は夏用の施設と考えられたが、一七七八年を境に、侯は一年の大半をそこで過ごすようになった。ハイドンはエステルハーザにおけるオペラ上演や音楽演奏を監督した。エステルハージ侯に、この僻地を厭う単身赴任の楽団員たちの帰省を認めるよう暗に促したことで有名な「告別交響曲」も一七七二年ここで書かれている。この他に、ハイドンはアイゼンシュタットとウィーンのそれぞれの宮殿のコンサートの責任者を兼ね、エステルハーザの、当時としては珍しい人形劇場の楽団長をも務めていた。侯自身が演奏した七弦と共鳴弦十本を持つバリトンという擦弦楽器のためにも、ハイドンは一七六五年からの二十年間に、一二〇曲以上も作曲した。

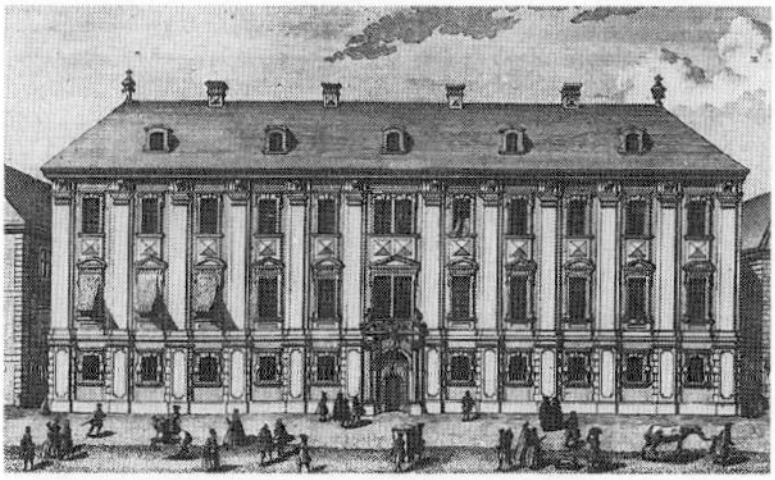

図2-4　ウィーンのヴァルナー通り（現在の1区）にあった18世紀のエステルハージ宮殿．ザロモン・クライナー画．

冬になると、侯とその側近は帝都に移ることもあり、その際、楽団あるいはその一部が同行し、音楽演奏の中心はウィーンのエステルハージ宮殿（図2-4）に移された。ウィーンにおいて、第一、第二ヴァイオリンは二、三名ずつ、ヴィオラとコントラバスもそれぞれ二名、チェロとティンパニは各一名程度、二管編成のフルート、オーボエ、ファゴットも含まれ、必要に応じてクラリネット、ホルン、トランペットの奏者数名も呼ばれた。団員の給料がウィーンの両劇場のオーケストラ団員の薄給とほぼ同額であったが、その点は食事つきの部屋、蠟燭《ろうそく》、ワイン、薪、二年毎に夏・冬用の制服などの現物支給によって補塡されていたようである。

エステルハーザあるいはウィーンのエステルハージ宮殿においてリハーサルは通常午前中に行われ、侯が招待した社交界の仲間などのための演奏は午後に開演された。日によっては食事中の音楽も要求され、夜の音楽会には声楽を含むより派手なレパートリーが好まれた。また、団員が弦楽四重奏団を組むこともあり、侯自身が参加するバリトン・トリオなどのようなよりプライベートな音楽会も頻繁に催された。

ロプコヴィッツ侯の音楽会

もう一人の音楽愛好家として広く知られていた人物は、ボヘミアの家系に連なるヨーゼフ・フランツ・フォン・ロプコヴィッツであった(図2-5)。彼自身、幼少よりヴァイオリンとチェロを学び、美しいバスの声を自慢していたといわれる。一七九三年に二十一歳となって以後、彼は自邸で定期的に演奏会を開くようになり、一七九七年に家督を継いだ後には、名ヴァイオリニストで作曲家のアントン・ヴラニツキーを楽長とする小さな楽団を自らの庇護と費用負担のもとに、正式に発足させている。

ロプコヴィッツ宮殿（図2-6）は十九世紀初頭までウィーンの音楽演奏の中心的な存在となる。一八〇八年首都を訪れたヨハン・フリードリヒ・ラインハルトによれば、宮殿の各部屋は始終リハーサル・スペースとして活用され、いくつかの予行演習が同時に行われることも珍しくはなかったという。

図2-5　ヨーゼフ・フランツ・フォン・ロプコヴィッツ侯爵．アウグスト・エーレンハインツ画．

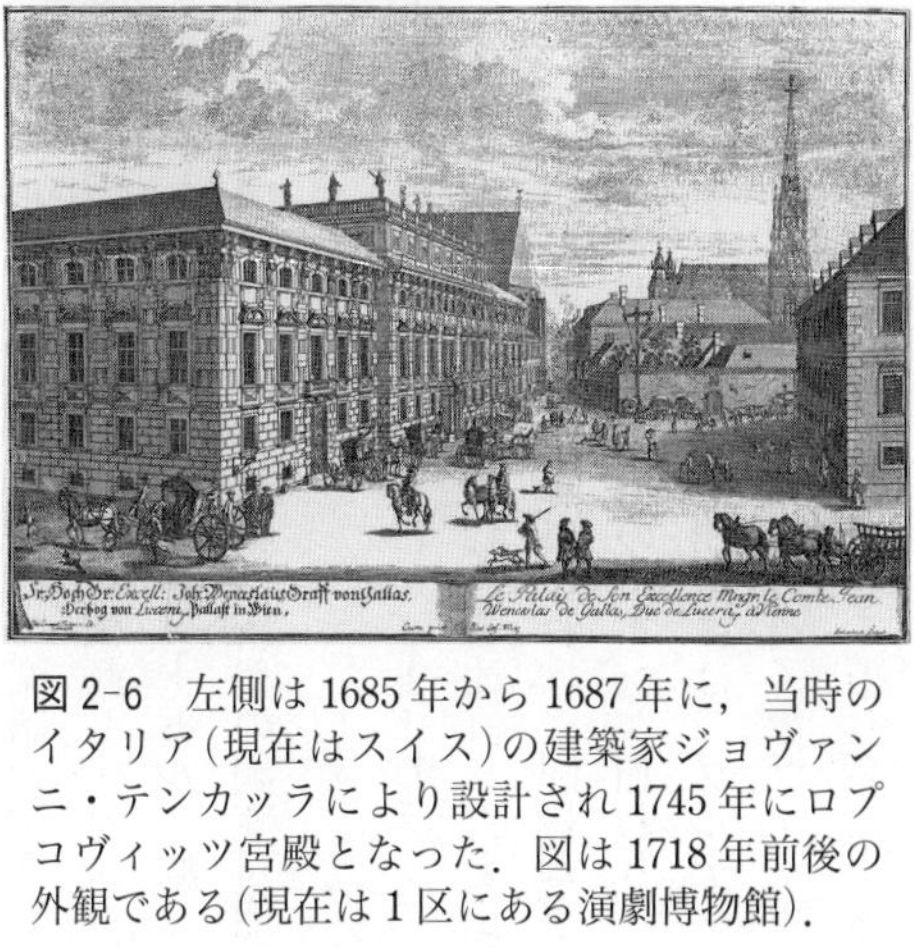

図2-6　左側は1685年から1687年に，当時のイタリア（現在はスイス）の建築家ジョヴァンニ・テンカッラにより設計され1745年にロプコヴィッツ宮殿となった．図は1718年前後の外観である（現在は1区にある演劇博物館）．

　エステルハージ家と同様、ロプコヴィッツ家の楽団も侯に同行し、十二月半ばから六月まではウィーンに滞在し、それ以外の時期はボヘミアの数か所の宮殿と屋敷で活動するのが普通であった。一七九七年以降、侯は楽団の充実をはかるべく莫大な富をつぎ込み、ウィーンとボヘミアでのオペラ上演を主催したり、一度に二〇〇〇グルデン以上を費やして楽譜を購入したりといった活動は、しばしばウィーン市民の間で話題となった。ハイドンに作品を依頼し、ベートーヴェンの重要なパトロンでもあった侯は、一七九九年には宮殿の大講堂を長さ十五メートル、幅八メートルの二階建ての音楽ホールに改築し、そこには二十四名の団員のための座席と新型の調整可能な譜面台八台が設《しつら》えられた。

そのロプコヴィッツ侯のホールにおいて、一八〇四年にベートーヴェンの『英雄交響曲』の試演が半公開で行われ、その経験を活かしてベートーヴェンは、曲を改訂したと伝えられる。楽長のヴラニツキーが作成し、侯がサインしたこの試演に関する記録によれば、団員はヴァイオリン四名、ヴィオラ、コントラバス二名ずつ、二管編成の管楽器に三本目のホルンが加わり、ティンパニもあり、奏者計二十二名であった。一回のリハーサルにつき、個々の団員には二グルデンが支給された。この二十二名の他に、侯に日常的に仕えていたチェロ奏者のクラフト親子とヴァイオリン奏者三名も演奏に加わったと思われるので、ベートーヴェンが実見したのは、約二十七名による演奏であったであろう。

しかし、この時期を境に、侯が音楽や劇場経営に注ぎ込んだ出費は、ロプコヴィッツ家にとって過大な負担となっていった。おりからのインフレ、フランスとの戦争から生じた費用などに圧迫され、借金は膨れあがり、侯はいよいよウィーンから退かざるをえなくなった。一八一四年、一家の財産は国の管理下に置かれ、ほどなく一八一六年、侯は南ボヘミアの地において四十四歳の若さで没した。

貴族専属の楽団の衰退とハルモニームジーク

十七世紀後半以降、ウィーンとボヘミア各地では、多数の貴族が専属の楽団を創立し、きわめて活発な音楽活動を展開していた。ところが、シェーンフェルトの一七九六年の著書によると、事態は急速に変わりつつあった。「音楽熱が冷めたのか、人びとの趣味が劣化したのか、経費抑制の必要が生じたのか、あるいは何か別の理由によるのか、これまでの称賛すべき習慣は芸術を犠牲にして消滅してしまった。楽団は次から次へと消えてしまい、最後に残ったシュヴァルツェンベルク侯爵の楽団以外のほとんどすべては、もう存在しない」と、シェーンフェルトは述べている。そこには誇張があったろうが、全体的には彼の指摘した傾向は、否定しがたかった。定職を失った演奏者や作曲家は、臨時採用に一縷《いちる》の期待を寄せ、ウィーン市内で音楽教師として細々と生活を支え、貴族の需要を失った作曲家の多くは、作品を出版社に売るよりほかなく、日ごとに市場経済への依存を深めていった。

廃止にまでは至らなかった場合にも、貴族の楽団の多くは規模の縮小を余儀なくされていった。シェーンフェルトが、唯一健在と評したシュヴァルツェンベルク家ですら、すでに一七七一年以降は常設の大きな楽団ではなく、むしろ吹奏楽団と称すべき「ハルモニームジーク」を置くようになっていた。ハルモニームジークは通常オーボエ、クラリネット、ファゴット、ホルン二名ずつからなっていたが、シュヴァルツェンベルク家の場合、オーボエの名奏者イグナツ・タイマーとその三人の子息たちが加わっていたこともあって、クラリネットよりはイングリシュ・ホルンが使われる異色の団体となった。実際にその演奏を聴いたツィンツェンドルフ伯によれば、食後にはモーツァルトの『魔笛』からの曲が演奏され、他にはディッタースの『医師と薬剤師』とマルティン・イ・ソレールの『ウナ・コサ・ララ』(『椿事』)からの抜粋が奏でられたという。そこから推して、やはり流行するオペラからの曲が、この団体の主なレパートリーとなっていたようである。

ハルモニームジークは、ヨーゼフ二世には一七八二年より、アロイス・リヒテンシュタイン侯爵には一七八九年前後より採用されるところとなった。モーツァルトは、結局は実現しなかったものの、後者の楽長のポストを待望し、ハ短調のセレナーデ(K. 388)はおそらくこの団体のために作曲されたものと思われる。エステルハージ・ミクローシュ侯も一七九〇年に死去した後、後継者のパル・アンタルも専属の楽団をハルモニームジークに置き換えている。

このように世紀末、多数の貴族が楽団を縮小・解散させざるをえなかった背景には、いくつかの要因が考えられる。増税、農奴による賦役労働の削減、相次ぐ凶作、物価高騰など、貴族たちの領地経済の変化による家計への悪影響がまず挙げられよう。また、自家用の楽団を持つことがあまりに一般化したことにより、楽団所有自体、家名の威信を顕示するためにあまり役に立たなくなったという事情もあったろう。いずれにせよ、楽団の縮小と解散は一七八〇年代を境に加速した。それはちょうどモーツァルトのような「フリーミュージシャン」が増え、個人の貴族が負担できるより遥かに大きなスケールの公開演奏会が緒に就く時期にも重なっていた。貴族が専属の楽団を囲い込んでごく狭い範囲の聴衆に音楽を提供するよりも、必要に応じて市内の演奏者を雇用し、公開音楽会を催すことのほうが効率的で、かつ大規模な音楽鑑賞の機会が得られる時代が到来したのである。この他にも、貴族は自ら演奏し、慈善公演を企画し、贔屓《ひいき》する作曲家を援助し、音楽愛好家団体を設立し、劇場の経営と監督にも携わるようになった。このように見てくるならば、先のシェーンフェルトによる彼らの「音楽熱が冷めたのか」という評言は、この時期の変化の本質を見落としていたというほかない。そこで実際に起こっていた事態は、音楽熱への冷却ではなく、むしろ音楽の商品化の進展による可能な音楽活動の多様化にほかならなかったのである。

5　ウィーンの教会音楽

教会音楽の性格

ウィーンの教会は宮廷や貴族と並ぶ、作曲家と演奏家の重要な雇用主であり、庶民にも計り知れない音楽的影響を及ぼす存在であった。一七七二年、バーニーは以下のように書いている。「教会や修道院で、音楽付きのミサが毎朝行われないところはほとんどない。日中の礼拝ではたいてい、オルガンの他に少なくとも三、四挺のヴァイオリンと一挺のヴィオラとコントラバスの伴奏による多声部の音楽が歌唱されている。そして日々多くの人びとが教会を訪れていることを考えると、最高峰とはいえないにしても、教会音楽が人の音楽的素養を相当程度培《つちか》っていることに疑いはない」と。ニコライも「教会によりミサの開始時間が異なるため、日曜日と祝祭日には音楽付きのミサをあちこちで三回、四回も聴くことができる」と伝えている。こうした記録より、都市中に溢れるほど存在した教会が、市民生活に与えた音楽的影響の大きさを窺い知ることができよう。

教会音楽の作風について、ホーフカペレの楽長であったフックスはすでに一七二五年の教則本に、宗教的なものが世俗的なものよりも優れているのと同様に、永遠であるべき神を敬う音楽は、他の音楽よりも尊いことを誰もが疑わないと論じている。これは当時の作曲家、聖職者、会衆の共通意識であった。教会と神の神秘的かつ不朽不滅の性格を表し、それを聴衆に印象づけるために、ルネサンスのポリフォニックな書法から「古様式」(スティレ・アンティコ)という対位法を重視する作風が抽出された。フックスの教則本には、それが分かりやすく整理・体系化されてはいたが、作曲家が通常実践したのは、純粋な「古様式」というよりは、バロックの通奏低音などが排除されない「混合様式」(スティレ・ミスト)であった。

当時、宗教作品を作ろうとした作曲家にとり「古様式」の学習は必須であったが、それはまた世俗音楽にも大きな影響を及ぼすこととなった。たとえば若き日のハイドンは、フックスの教則本を独学で学び、対位法を身に付けたといわれる。しかし一七七一年、彼はベルリンのある評論家によって

「対位法に関して大変蒙昧」であると酷評される。おそらくこの批評にいたく憤慨したのであろう、それを打ち消すべく、翌年ハイドンは、全声部がほぼ平等に扱われ、三つ作品の終楽章にフーガを含む六曲の弦楽四重奏曲(Op. 20)を出版している。モーツァルトにも、「古様式」の影響は顕著であり、彼もまた内声の独立性を向上させることにより作品のテクスチャーの充実を図った。

宗教音楽の展開

十八世紀の為政者や聖職者の多くは、ミサに器楽が響きわたることは神聖な雰囲気づくりにそぐわないという価値観を共有していたように思われる。とりわけレント期間中(すなわち二月半ばから三月上旬に始まり、三月末から四月上旬に終わる四旬節、イエス・キリストが埋葬されてから復活するまでの四十六日の間、イエス・キリストの受難を偲ぶため禁欲的な生活が求められた)の音楽には、如何なる俗っぽさも忌避された。かりに器楽演奏が許される場合であっても、それは「祈りの気持ちを引き起こす」ように工夫されなければならないと、フックスは説いている。彼は、近年の教会音楽には「残念ながら広く行われている演劇的な作風、あるいは踊りの旋律が紛れ込んでいる」と批判している。一七八一年の著者不詳の『ウィーンの教会音楽について』というパンフレットにも、オペラ・アリアを思わせるミリの一曲が演奏されると、会衆が感嘆の声を上げたことが記されている。

十八世紀を通して、ウィーンで作曲・演奏された宗教音楽には、たしかにフックスの指摘どおり、オペラや世俗音楽が色濃く混入していた。それだけに、そもそも教会は音楽鑑賞の場ではないのだから、そこでの音楽は古くからの様式に従うべきであるという紋切り型の批評もしきりと成されていた。

実のところ、教会音楽がオペラや舞曲などに影響される現象は、目新しいわけではなかった。教会で歌唱された旋律が時代を追って技巧性を増してゆく傾向は、かなり古くから認められてきた。歌唱は、忠実に詞章の韻律を追うというより、四、八、十六小節の単位にまとめられるようになっていった。クレドにも世俗音楽やオペラ・アリアから借用された三部形式が採用され（中心部のテンポ、ないしは調性が異なることもある）、グロリアには軍楽の楽器とモティーフが転用され、テンポの速い部分には踊りのリズムも利用された。ミサ曲が一つの「作品」として構想され、類似するモティーフで統一されることも、世俗音楽の影響によって生み出された傾向である。

時代が進むにつれて、次第にオーボエ、ホルン、フルート、クラリネットなどが宗教音楽の楽団に加わっていった。他方バロック教会音楽に典型的であったトロンボーンの使用は減少していった。

マリア・テレジアとヨーゼフ二世の宗教音楽改革

こうしたヨーロッパ全土における宗教音楽の性質の変化を食い止めようと動いたのは、ローマ教皇ベネディクトゥス十四世であった。一七四九年、教皇は回勅「この年は」を発布し、それによりフックスがすでにその教則本で唱えていた「詞章主、音楽従」という姿勢の正当性があらためて強調された。教皇が求めたものは、変化に富み、音楽として自立した作品ではなく、会衆を教化し、宗教的権威への敬虔と従順を涵養する詞章中心の音楽であった。したがって回勅では、擦弦楽器とファゴットの使用までは認めたものの、金管、木管、ティンパニ、撥弦楽器は作品をいたずらに「演劇的」にすると決めつけ、それらの使用を禁止したのである。

一七五四年一月にマリア・テレジアもこの方針を受け入れ、ウィーンの大司教がクリスマス前日に発表した意向にしたがって、礼拝堂、教会、修道院などでの礼拝や行進に際して、軍楽を思わせるティンパニとトランペットの演奏を原則として差し止めた(ミュートされたトランペットは例外扱い)。しかし、禁制が敷かれた後にもトランペットとティンパニの使用は宮廷と行列などで散見されたことから推して、禁止令は厳守されなかったようである。それでも、命令の全面的な解除は一七六七年六月十三日にマリア・テレジア自らが罹患《りかん》した天然痘の恢復《かいふく》を祝ったロイター作曲の『テ・デウム』の演奏を待たなければならなかった。それ以降も、楽器の使用はその都度の許可を必要とされたが、法令は次第に空文化したようである。

ヨーゼフ二世の治世になると、教会が贅を尽くして、神を派手に誉め称える取り組みはさらに強く否定されるに至った。皇帝は、教会を教皇ではなくむしろ政府に神妙にしたがう臣民を育む教育機関と見なし、宗教の最上の理想はハプスブルク皇帝の下での世俗秩序の安定にあると考えるようになった。一七八三年には、教会区の再編成や礼拝の簡素化を図る大改革が断行され、祝祭日の日数は減らされ、教会におけるミサの執行数も削減され、音楽演奏に対する支出の節減も命じられた。皇帝の改革案は、同年二月に決定され、二か月後にはさしあたり下《しも》オーストリアで実施され、その直後からそれ以外の地域でも遂行されていった。ウィーンの音楽に関する最も肝心な取り決めは、以下の三条項であった。

一、シュテファン聖堂と、常設聖歌隊を持つ教会において、ミサは一日に一度だけ行う事。これは季節によりオルガン伴奏があってもなくてもよい合唱付きミサで、器楽演奏は行わない事。

一、日曜日と祝祭日には、各教会区の教会において、器楽伴奏で歌唱する大ミサを行う事。楽器が調達できない場合は、聖歌隊のみで歌唱する事。

一、常設聖歌隊を持つ教会において、晩課(カトリック教会の晩の典礼)は毎日聖歌隊が歌唱する事。祝祭日にはオルガンで伴奏し、器楽演奏は行わない事。

このように、晩課での器楽演奏は差し止められたが、禁止は教会における器楽演奏全体に及んだわけではなかった。とはいえ、大きな教会以外の楽団の廃止や縮小によって、それまで宗教音楽で生計を立ててきた演奏者の多くが、困窮したものと思われる。彼らは、一七九一年にレオポルト二世が楽器演奏の復活を許したことを大いに喜んだであろう。

6　シュテファン聖堂における音楽演奏

ホーフカペレとともに、シュテファン聖堂はウィーンの宗教音楽演奏の一大拠点であった。聖堂には二つの楽団（カペレ）が所属し、一つは「本質の楽団」（ないしは「主要の楽団」）と、もう一つは「聖母像の楽団」と称された。前者は聖堂の主なミサと祭礼の音楽を担当し、後者は「ペッチの聖母」という絵画（図2-7）にまつわる行事に音楽を提供した。「ペッチの聖母」は奇跡的に涙を流したとされたマリアを描くビザンティン風の肖像画であり、十七世紀末ハンガリーのマーリアポーチ村（ドイツ語名ペッチ）からウィーンに運ばれ、万病を治す霊験あらたかな絵画と信じられた。一六九七年にオイゲン公子の呼び名で知られたオイゲン・フ

図 2-7　シュテファン聖堂蔵の画家不詳の「ペッチの聖母」. 抱えているキリストは左手に赤いバラの花を握り, 聖母は右手で彼を指し,「これは正しい道である」と示唆している.

ランツ・フォン・ザヴォイエン＝カリグナンがセルビアでオスマン軍に勝利したのも、この絵のお陰であるといわれた。当初は聖堂の主祭壇に配置され、毎日のミサの礼拝対象であった。

一七七三年の「本質の楽団」の聖歌隊は、少年六名、アルト成人男性（カウンターテノール）一名、テノール三名、バス三名が主体となり、必要に応じて増員された。楽師の人数も時代とともに変化し、一七八二年にはヴァイオリン十名、チェロ二名、トロンボーン三名、ファゴットとコルネット一名ずつ程度であった。「聖母像の楽団」の聖歌隊と管楽器アンサンブルは「本質の楽団」のそれよりやや規模は大きかったが、弦楽器はかえって少なかった。重要な祝祭日には、両楽団ともフルート、オーボエ、トランペット、クラリネット、コントラバスなどが補充された。

このシュテファン聖堂の楽団については、その演奏水準が、あまりに低いことに驚かされたとする報告が少なくない。たとえば「本質の楽団」のある演奏の出来について、バーニーは「楽団は通常よりは多くの楽器と歌声に補強されてはいたが、オルガンは我慢できないほど調子が狂っていた」と述べている。別の演奏についても彼は、「聖堂でフックス作曲の立派な古い作品を聴いたが、歌も伴奏もあまり上手とはいえず、声は貧弱で、ヴァイオリン伴奏は最悪であった。しかし、オルガンはとても上手に奏でられた」と書いている。またニコライも、シュテファン聖堂でさえ、レオポルト・ホフマンの指揮であったことから期待されたほどには、よくはなかったと書いており、一番の歌手ですら「せいぜい平均程度にすぎなかった」との評価を下している。

7 他の教会における音楽演奏

シュテファン聖堂以外に、音楽を重視した教会の一つが、ヨーゼフシュタット(現在の八区)のピアリステン修道会によって建立されたマリア・トロイ教会であった。エステルハージ家の楽団も、ときおりこの教会で演奏したと思われるが、そこでは市の孤児院の子供たちが身に付けた芸を会衆に披露する機会も与えられた。また一七七〇年代初頭には、ハイドンはマリア・トロイ教会所属の六十人からなる楽団に新作の宗教作品を演奏させている。一七九六年にはティンパニが大活躍する『戦争のミサ』もここで初演され、会場を埋め尽くすほどの聴衆が参集したという。

ウィーンの宗教施設全般の音楽事情については、ヨーゼフ二世が改革直前の一七八三年に行った調査の記録から知ることができる。旧市街、新市街、郊外村に点在した無数の教会と修道院にオルガン奏者が配されていたことはいうにおよばず、三十二か所には楽団が附属し、それぞれにはヴァイオリン奏者(ヴィオラも兼ねたか)が最多で七名、通常で四名、またコントラバスかチェロ担当の一名がいたことも確認できる。十か所ではトロンボーン奏者二名の他にトランペットとティンパニ奏者各一名が雇われていた。ただオーボエ奏者は二か所、ファゴット奏者は一か所、ホルン奏者はいずれの楽団にもいなかった。聖歌隊はどこも比較的小規模で、各パートに一、二名程の歌手で間に合ったとされる。

シュテファン聖堂以外の教会での演奏の水準もそれほど高くなかったと思われる。ニコライはある月曜日、アウグスティーナ教会で行われた死者のためのミサを聴き、一本のトロンボーンのみで伴奏された少年の歌ったアリアだけは気に入ったものの、「楽団の編成と演奏技術は最悪で、ヴァイオリンのパートは二つのみの上、各パートは一人の下手な演奏者が担当し、それにチェロとコントラバス、トロンボーン二本と小さいオルガンが加わるという編成であった。合唱もとても貧弱であった」と酷評している。この時、演奏されたのはすでに時代遅れと感じられていたフックスかカルダーラの作品であった。

8　音楽家のアッベーたち

聖職者たちには、音楽の才能を発揮した者も含まれていた。とりわけ「アッベー」と呼ばれた下位聖職者の中には、教会本来の仕事によるのみでは充分な収入を得られず、教師、作家、音楽家などを副業とする者も少なくなかった。その場合、彼らにとって教会組織への所属は、自らの社会的身分を保障するための手段にすぎなかった。

メタスタージオもアッベーであったが、もう一人のウィーン在住の名物アッベーは、出身地のポルトガルでなぜか迫害を受けた経歴をもつアントーニオ・ダ・コスタであった。一七四九年にスペイン、イタリアなどを経由してウィーンに亡命した彼は、「奇妙な弾き方」で「スペインのギターを上手に弾いた」とバーニーが伝えている。斬新な様式を追求したダ・コスタを、バーニーは音楽の分野における「一種のルソー」と評価した。ダ・コスタは、終生貴族や大衆の好みに迎合することなく、名声も求めず、艱難辛苦《かんなんしんく》の果てに失明し、一七八〇年前後に死去している。

「旋律よりも和声と異様な転調が重視されており、かつ、連結と分離がとても多く、拍子が識別しにくい」とバーニーが描写したダ・コスタの作品は、残念ながら今日そのほとんどが紛失してしまっている。しかしながら、オーストリア国立図書館には未刊で作曲年不詳の『三つのヴァイオリンのためのソナタ』（全作品集より第四番から第六番の三曲。譜例2-1）の自筆譜らしき楽譜が所蔵されている。この二、三楽章からなる三つの作品は、かつてフックスが書いた通奏低音のない珍しい楽器編成の作品の影響下に作られたと想像されるが、そこにはフックスが好んだとされるフーガは一曲も含まれていない。その代わりに、バーニーの描写の正確さを裏付けるかのような、文散七和音の多い、不規則的な旋律、あてもなく流れる和声進行がそこには含まれている。おそらく当時のウィーンには、この独創性を正面から受け止め評価できる者はまれであったろうと思われる。

もう一人、注目すべきアッベーは、一七九六年から一八〇三年にかけてと一八一六年以降にもウィーンに居住したマクシミリアン・シュタードラーであろう。シュタードラーはいくつかの修道院長を務めた者で、ピアノとオルガンを巧みに弾き、複数のオラトリオ、カンタータ、鍵盤曲などを作曲し

譜例 2-1　ダ・コスタ『3つのヴァイオリンのためのソナタ』第 4 番より第 3 楽章の冒頭部分.

たことで知られる。一九七四年まで出版されなかった西洋音楽史(未完)を執筆し、モーツァルトの未完の作品の完成も手掛けていた。

最後に、ドイツ出身のゲオルク・ヨーゼフ・フォーグラー(図2-8)の活躍も見逃すことはできない。教皇より「黄金拍車勲章」を授与されたフォーグラーは、ヨーロッパ中を転々とさまよいつつ人生の大半を過ごした多芸の人であったが、一八〇二年から一八〇四年にウィーンに住んでいる。啓蒙主義を高らかに謳う彼もオルガンの名手・作曲家として知られ、パリの教会で開いた演奏会はことさらに大きな反響を呼んだといわれる。マンハイム、シュトックホルム、ダルムシュタットに音楽院を創立し、オルガンの新しいデザインや楽器の発明も試み、何冊かの音楽理論書を執筆した。音楽教師としても優れ、門下の逸材にはカール・マリア・フォン・ヴェーバーとジャコモ・マイアベーア、ピアニストで作曲家のマリア・テレジア・パラディースなどがいた。

フォーグラーは諸国の民族音楽に強い関心を寄せ、一七九一年にスウェーデン、スコットランド、ポーランド、ロシアなど各地の旋律をピアノと弦楽器のために編曲し、『ポリメロス、または諸国の音楽の特徴』(第一巻。譜例2-2)として出版している。自説による和声学を揺るぎないものとするために、古代ギリシアにあったと推測される旋法的な歌の調査・蒐集のために、モロッコとアドリア海の島々を旅し、その成果を『ポリメロス』の第二巻にまとめ、一八〇六年に刊行した。これらの業績により、今日フォーグラーは、民族音楽学の創始者の一人と数えられる。

図2-8　1820年前後のアッベー・フォーグラー．ヨーゼフ・ハウバー画．

ウィーンのアッベーたちは、この都市の音楽史の中に燦然と異彩を放っている。彼らは転換期のウィーンにあって、教会との関係を維持しながら、伝統的に貴族が主導権を行使してきた音楽文化と、また当時文化的影響力を日々増大させつつあった

譜例2-2　フォーグラー作曲，『ポリメロス』第1巻から「コサックの踊り」の鍵盤譜．

商品市場とのいずれからも、巧みに距離を置いた音楽活動を展開した人びとであった。この独特の位置取りによって、彼らは自由かつ新鮮な発想をもち、世間の評判にとらわれない音楽作品や著作をまとめることに成功したのである。

第3章
ウィーンの劇場と音楽
——オペラ、バレエ、ジングシュピール、ヘッツ——

十八世紀後半のウィーンの音楽界の強固な土台を築いたのは、宮廷、貴族、教会であった。しかし一七五〇年代以降、宮廷はホーフカペレの規模を大幅に縮小し、貴族は専属の楽団を廃止しはじめ、教会は音楽家にも痛みを伴う改革を行った。この大きな潮流の影響により、これらの権力は、ウィーンにおける音楽の創作と演奏の更なる成長を先導する力を次第に消失してしまった。

ところで、一八世紀後半に至る間、以上の社会的諸権力と競合しつつウィーンの音楽文化の発展に多大なる貢献を果たしたのは、劇場である。一七五七年にウィーンで刊行されたフランス語の娯楽案内書には、ヨーロッパの多くの劇場は、たとえ君主が資金を提供しても人件費と運営費不足のため年間通しての運営は困難であるのに対し、ウィーンとパリでだけは観客がそのような不自由を甘受しなくて済む、と紹介されている。その二十年後、ウィーンで出版された『演劇暦』にも、ウィーンはパリとロンドンに肩を並べることができるドイツ語圏随一の演劇都市であることが記されている。ウィーンでは、バレエとパントマイムも盛んで、十八世紀末にはここから外国人と競争できるダンサーも現れた。

以下本章では、宮廷・貴族・教会の政治権力と台頭する市場の経済力との相克の中に、ウィーンの主な劇場が、この都市の音楽文化といかに関わり、どう生き残りを図ったのか、その変転極まりない歴史を辿ることにしよう。

1　宮廷とオペラ

すでに十七世紀に、宮廷では燦然と輝きを放つオペラが舞台に掛けられ、皇室の威信を顕示した。その上演は、教会暦によって定められたファシング（謝肉祭の季節、つまり「三王礼拝」の一月六日に続く日曜日より四旬節の初日である「灰の水曜日」まで）、あるいは皇帝の誕生日、その家族の聖名祝日などの祝いを記念して行われた。これとは裏腹に皇帝が死去した後には、オペラと演劇の上演は長期にわたり禁止された。

十八世紀前半まで劇場の観客席は通常、数階のロージェとパルテレとに区別された。パルテレの前方は「貴賓用パルテレ」と呼ばれ、背もたれのついた椅子が並び、後部は「第二パルテレ」と称され、背もたれの無い椅子が置かれたり立見席となったりした。皇族と高位貴族などがパルテレの最前列に並べられた特等席に座り、劇場の中心を占めた。舞台絵の遠近法も彼らの存在を重視し、他の来場者の座席位置も皇帝との関係の距離によって定められていた。身分の軽重は、劇場に入る順番（皇室は最後）によっても一見して分かるようになっていた。台本の筋やセリフが、あからさまな皇帝賛美の常套手段として用いられることもしばしばあった。宮廷が運営する劇場が非貴族に開かれた一七四〇年代を境に、皇族は見物人と舞台とを一望でき、他の来場者から歴然と隔てられた、舞台中央の真反対に用意された豪壮なロージェへと席を移した。
宮廷は、十七世紀半ばより頻繁にイタリアの建築家に劇場の設計を依頼し、主に皇帝の一族、高位貴族のための大規模な演劇専用施設も数か所に建造・改築された。一七三〇年前後、皇帝の聖名祝日にブルク内にあった宮廷劇場で上演されたバロック・オペラを、ヨハン・キュッヘルベッカーは以下のように詳述している。

この時期、宮廷は再びブルクに滞在することになっていたので、このオペラもブルク内の壮麗で、完璧な美しさを備えた歌劇場の、素晴らしいホールの舞台で上演される。このような歌劇専用の建造物は、パリにもロンドンにもない。舞台の大きさと数多くの美しく工夫の凝らされた場面転換により、類例のない演出が施され、舞台上に一〇〇人以上もの出演者が数えられることもある。結論として、この宮廷オペラには、パリやロンドンのそれなりに優れたところの多い歌劇とオペラ公演であっても、足元にもおよばない。ここでの上演は、声楽と器楽、舞台衣装、舞台設定などどこをとっても、見事であり、まったく他から抜きんでている。

一つのオペラ上演のために、皇帝が費やした金額は、六万グルデンに及んだという。キュッヘルベッカーによれば、各作品は二、三回繰り返し上演され、紳士（オネットム。庶民階級の紳士ではなく、皇室の招待に与る高位貴族には含まれない上流人士）たちも、その初演や再演を鑑賞することが許されたようである。

皇帝と高位貴族などは、これら以外にもオペラ鑑賞の機会は少なくなかった。一七一六年の最も絢爛たる興行のひとつは、主に晩夏と秋に使用されたファヴォリータ離宮で催された。ウィーン訪問中に、ここでイタリア・オペラの屋外公演を観たイギリスのモンタギュー夫人（オスマン帝国のイギリス大使に着任した夫の同伴者）は、この年の書簡にその様子を書いている。

> 先週の日曜日（九月十三日か）、ファヴォリータの庭園にて上演されたオペラに行きました。あまりにも愉しかったので、観ることができたことに心底満足しています。あれほど豪華なものは、これまでどこにもありませんでした。舞台装飾と衣装のために、皇帝がイギリスの三万ポンド（に相当する金）を支払ったといわれたけれど、それは容易に信じることができます。舞台は大きな運河（実は池）の上に架けられ、第二幕のはじまりには、二分された箇所から水が忽然《こつぜん》と現れ、相対する方向より出現した二艘の、金メッキを施した小さな船が海戦を繰り広げてみせるのです。私がとくに注目したこの場面の美しさは想像を絶するほどでしたが、その他もそれぞれに完璧でした。オペラは（魔女の）アルチーナの魔法術についての話だったこともあって、種々の舞台装置と、驚くほど迅速に行われた場面転換が活きていました。劇場は容易に奥まで見通すことができ

図3-1　『アルチーナ』の初演(1716年)の舞台風景．遠近法を強調する設定で，左右に島が作られ，間の池には海上の激戦が演出された．画家不詳．

ないほどとても広いのです（中略）。ただ戸外に婦人たちが座らなければならないことは、大変な不便を伴います。なぜかというと、雨覆いは皇帝一家用に一つしか設置されておらず、オペラの初日には雨が降りだし、公演は中断され、観客は混乱し、混雑のあまり私は圧死しそうになりました。

モンタギュー夫人が観たのはフックスの新作、贅を尽くした祝祭的なオペラ『アルチーナに勝利するアンジェリカ』であった（図3－1）。インド人の魔女アルチーナが自分の島に漂流する騎士を残らず誘惑するものの、たちまちに飽きてしまうので、魔術をかけて彼らを石、植物、化け物などに変えてしまう。しかし、紆余曲折の末、彼女はライバルであった中国の若い女王のアンジェリカが司る善と愛の力に負けてしまう、というのがその粗筋であった。

この大仕掛けのオペラ作曲のきっかけは、一七一六年四月十三日、皇帝カール六世に待望の後継者が誕生したことにあった。

実際のところ、この乳児は、このオペラ初演の七週間後に死去し、それによってハプスブルク朝はマリア・テレジア女帝時代へと舵を切ってゆくことになるのであるが、そうした運命を知る由もない祝意の中で創作された『アルチーナ』は、ハプスブルク君主国の威信、権力、経済力を懸けた一大事業として上演された。ホーフカペレを主体とする楽団や歌手が総力を挙げて、壮大なスケールの演劇、音楽、舞台装置が、そこに実現されたのであった。

ブルク内の劇場とファヴォリータ離宮以外にも、皇室は複数の劇場においてオペラを満喫した。一七四七年にハプスブルク家専用の施設として、シェーンブルン宮殿にも劇場が建設された(図2-1)。シェーンブルン宮殿のオランジュリー(柑橘類などの非耐寒性植物を育てる大温室)も劇場として利用され、避暑用のラクセンブルク離宮にも、一七五三年に劇場が増築され、皇室の人々が足しげく通っていた首都西南二十五キロにあるバーデン村にも、一七七五年に小劇場が建築された。

2　ケルントナートーア劇場とブルク劇場

ウィーンでは、あちこちに建てられた仮設劇場にも、貴族や上流人士がしきりと出入りした。例えばケーフフェンヒュラー＝メッチュが一七四七年に留めた記録には、日曜日の礼拝後、皇室と関係者一同が旧市街の中心にあったノイヤー・マルクト広場の仮小屋に赴き、綱渡りとアクロバットの熟練した演技を味わったことが記されている。このような記録から推しても、文化の影響力の及ぶ方向は、必ずしも宮廷で支えられてきた高尚文化が下々まで普及していくばかりではなく、逆に、よりポピュラーな文化が市場を通して社会の上層に及んでゆく流れもあったことが分かろう。十八世紀以降、社会全体を包括するこのような相互的な文化交流に最も大きく貢献した施設は、ケルントナートーア劇場とブルク劇場であった。

初期のケルントナートーア劇場

実際に、モンタギュー夫人も、ウィーン訪問中の一七一六年、もう一つの演劇を鑑賞している。「ジュピターが雲間の穴を覗き、恋に落ちる」シーンに始まり、ヘラクレスが誕生して終わる『アンフィトリオン』という戯曲であった。ローマの喜劇作家プラウトゥスの原作を、一六六八年にモリエールが改作し、さらにイギリスのドライデンが手を加えた作品である。モンタギュー夫人はウィーンでそのドイツ語版を観たと思われる。彼女の説明によれば、「自分と内輪のためには、四人用のボックス席を取るとよいでしょう。定価は金貨一ドゥカート(約四・五グルデン)。劇場は天井がとても低く暗いと感じましたが、喜劇がその短所を充分に補ってくれました。これまでの人生で、あれほど笑ったことはありません」。ただし、イギリスでは「大道芸人でも許されないような下品きわまりない台詞回しを使用するような、作者のわがままは許しがたい」とモンタギュー夫人は、憤懣を漏らしている。こうしたことから、ウィーンでは一ドゥカートを支払う余裕のある貴族や富豪は、このような上品とはいえない単純な喜劇を、軽侮しつつも面白がっていたであろうことが分かる。

　モンタギュー夫人はウィーンには「劇場は一軒しかない」と指摘しているので、彼女が実見した『アンフィトリオン』の公演は一七〇八年から一七〇九年、建設費用が三万五〇〇〇グルデンもしたレンガ造りのケルントナートーア劇場で行われたに違いない（図3-2）。

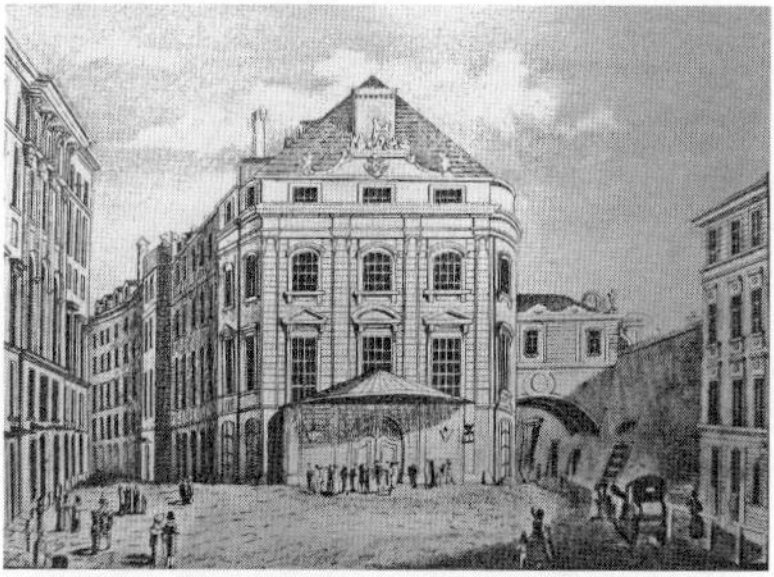

図3-2　1763年に再建されたケルントナートーア劇場の外観（19世紀初頭か）．トランキロ・モロ画の銅板．

　一七一一年、この劇場の経営権は、元アウクスブルクの操り人形遣い、そして歯医者でもあり、人気道化役者でもあったヨーゼフ・アントン・シュトラニツキーがウィーン市より引き継いでいる。彼は、芝居上演の権利の代償として、市に収益の一部を納付し、翌年以降は、この劇場の主な出し物を『アンフィトリオン』などのようなドイツ語喜劇へと変えていった。シュトラニツキーは、世知に長けた小賢しい下男のハンスヴルスト役（すなわち「ソーセージのハンス」という、イタリアのハルレキンに類似した役柄）を十八番とし、半即興的な演技や、ドイツ語とイタリア語をつきまぜた滑稽なセリフ、受けの良いギャグや陽気な歌などで観客を爆笑させた。

図3-3　ハンスヴルストに扮したプレハウザー．画家不詳．

一七二六年、シュトラニツキーが没した後、この劇場の経営者は何度も替わったが、主にドイツ語とイタリア語の喜劇が客に提供され続けた。しかし、一七二八年には、ここでイタリア・オペラの興行が一度だけ行われたことがある。それは、ウィーン住民がこの劇場でイタリア・オペラを鑑賞した初の機会であったと思われる。

シュトラニツキーの喜劇の伝統を引き継いだのは、ケルントナートーア劇場の演芸団をリードした旅役者のゴットフリート・プレハウザー（図3-3）であった。彼もハンスヴルストを巧みに演じ、大きな喝采を博している。プレハウザーはライバルのヨーゼフ・クルツ（通称ベルナドン）と激しく競い合ったといわれていたが、二人は同時に舞台を踏んだこともあり、関係は必ずしも敵対的ではなかったと察せられる。一七三七年にケルントナートーア劇場でデビューを果たしたクルツは、一七四四年以後、宙乗り、花火、子供パントマイム、歌などを含む演劇で観衆を魅了した。グルックの作品を何よりも高く評価し、ハンスヴルストを舞台から排除しようと画策した演劇改革者でもあったヨーゼフ・フォン・ゾンネンフェルスは、当時ウィーンでもてはやされていたフランス演劇の名作でさえ、「ベルナドンの戯曲には太刀打ちできなかった」と述べざるをえなかった。一七五三年前後にクルツは若きハイドンに『跛行《はこう》する悪魔』という台本を提供している。この現存しない喜歌劇は数回上演されたのみで、検閲によって間もなく禁止されたが、作曲家の世評を一夜で確定させたといわれている。

戯曲の検閲とケルントナートーア劇場の展開

一七五一年、宮廷はケルントナートーア劇場の経営権を当時すでにブルク劇場(後述)の運営に携わっていた下位貴族のロッコ・ディ・ロプレスティに下付し、同時にそこではイタリア語とフランス語の作品のみを上演することを命じた。翌年には、台本に基づかない即興的な演目の一掃をはかり、「如何なる喜劇も上演してはならない。当地においてクルツの作品は一切禁止する」旨を発表した。為政者を風刺するセリフはもちろん、「漠然たる含みのある表現や汚い言葉」も検閲の対象となり、場合によっては役者も処罰されると決定された。しかし、この法令の執行は徹底されず、一時はプラハに避難したクルツも一七五四年になるとウィーンに舞い戻り、ケルントナートーア劇場に出演した際にはその人気が再燃したという。

一七五二年ロプレスティは破産したため、特許をウィーン市に戻し、翌年にはケルントナートーア劇場は正式に「宮廷劇場」の称号を授与された。しかし宮廷の意向に沿う演目の上演しか許されなかったことから、経営は赤字に陥った。あげくの果てに、一七六一年十一月には劇場が全焼し、一七六三年七月の再建まで休場が続いた。その間、劇場所属の劇団はブルク劇場に本拠を移転した。一七七〇年には検閲制度がさらに強化され、あらゆる戯曲の上演前のチェックが義務化されたばかりか、舞台上での即興がなかったかどうかまでも厳重に確認されるようになった。劇場の経営難は一段と悪化し、手探りで雑多なジャンルの上演が施行されたにもかかわらず、その運営は宮廷からの巨額の補助金に大きく依存しつづけていた。

バーニーは、一七七二年にケルントナートーア劇場でサリエーリ作曲の二幕の喜劇『イル・バローネ』(「古い要塞の男爵」)を鑑賞した際、ロージェのほとんどはウィーンの名だたる家族が貸し切っていたと記している。ただし当時、この劇場に二十七列あったパルテレ(一列に二十四人)の入場料は、一人あたり二十四クロイツァー、天井桟敷はより手ごろな十六クロイツァーとなっており、奮発すれば中流層にも手が届いたものと思われる。

ブルク劇場の創立と展開

十八世紀初頭のロンドンでは、劇場経営が民間に任され、一般市民の入場も許されたイタリア・オペラの上演劇場が繁盛した。ヴェネツィア、ローマ、ナポリ、ミラノ、その他の都市にも次第に、同種の民間経営にかかる施設が増えていった。これらと較べウィーンではかなり立ち遅れが目立ったものの、やはり観劇の機会は次第に民間や市民層にも広がりつつあった。まさに「ブルク劇場」の建設には、為政者がより上質な芝居とオペラを愉しむという目的以上に、市民もそこに巻き込もうとする意図を窺うことができよう。これを後押ししたのはマリア・テレジアであり、彼女の狙いは中産階級の経済力を活用して、逼迫する政府の文化予算を補充するとともに、社会全般に宮廷の文化的覇権力を誇示するところにあった。

マリア・テレジアは、一七四〇年に事実上の女帝に着任してから数か月とおかずに、新しい劇場の建設を検討しはじめた。この時点まで使われていた前述の宮廷内の劇場から九十メートルほど北北西に位置した古い球技場を劇場に改築し、皇室関係者が宮殿から直接入場できるようにする設計であった。この新施設は当時のミラノやロンドンの大劇場の半分程度の広さであり、ケルントナートーア劇場よりも少し狭く、立地条件も必ずしも良好とはいえなかった。一八〇五年にペッツルが説明したところでは、ブルク劇場はケルントナートーア劇場とともに旧市街の南端に位置し、「市門（ブルク門、ケルントナー門）のすぐ脇、つねに交通量の多い騒々しい場所にある。夏場は暑さのために窓が開けられるのでとくにひどい。何台もの郵便馬車や辻馬車が次々と近くの市門を急ぎ通り抜けるたびに、最高に美しいオペラ・アリアや最も感動的な場面が、ドシドシ、ガタガタと騒音により消し去られてしまうのだ」。

現存しないこの「旧ブルク劇場」（図3－4）の経営権は一七四一年、当時すでにケルントナートーア劇場を運営していたカール・ヨーゼフ・セリエーに移された。その際、セリエーは改築費の全額も負担させられている。この時の契約書によれば、「ブルク劇場では毎日、宮廷の依頼に従い、女帝と人

図 3-4　18 世紀後半のミヒャエラ広場．右端に，広場に面する 1760 年に完成された旧ブルク劇場の正面玄関が見える．左端の教会は聖ミヒャエル教会．カール・シュッツ画．

民(プーブリクム)を喜ばせるため、ドイツ語の、ないしは外国のオペラと喜劇を上演し、その見返りとして、自己裁量で劇場に入場する観衆から報酬を受け取る」と規定されていた。政府の最大の期待が、助成金の削減による経費節減にあったことはいうまでもない。これによって、政府直営の劇場は無くなり、セリエーが貴族と人民——とはいえ事実上は富裕層に限られてはいたが——に芝居とオペラを提供するようになった。一七四二年、ブルク劇場のこけら落としには、フランチェスコ・ガスパリーニ作曲『アンブレート』(「ハムレット」、一七〇六年ヴェネツィア初演)と題されるオペラが上演された。

ところがセリエーの経営はほどなく難航し、契約は一七四七年に打ち切られ、後任として前述の興行師ロプレスティが選任された。彼はブルク劇場の改装も任され(その後再三改修や拡張などが行われた)、一七四八年からは多くのイタリア・オペラなどを舞台に載せ、華々しいバレエの公演も手掛けた。しかし、相次ぐ施設改修の費用とスター歌手、作曲家、演出家の法外な報酬が、いちじるしく経営を圧迫し、劇場運営は火の車と化した。一七五一年よりロプレスティは、乱費の強いられるオペラ公演から手を引いた。落胆した女帝が彼を解雇した後、一七五四年には宰相カウニッツに支持されたイタリアの外交官のドゥラッツォ伯がブルク劇場とケルントナートーア劇場の総監督を引き継いだ。

ドゥラッツォ伯はグルックを採用し、新作とオペラ・コミーク(フランス語の歌芝居)の改訂を委嘱し、一七六一年よりグルックが目指したオペラ改革を推進した。一七六二年のフランツ・シュテファン帝の聖名祝日の祝賀に際して、二十九回のリハーサルを要したグルックの画期的な『オルフェオとエウリディーチェ』が誕生し、一七六七年初演の『アルチェステ』とともに、オペラの新時代の端緒を開いた。改革オペラには、音楽と演劇の程よいバランスが求められ、余計な音楽的装飾、古びてしまった過去の一定の形式、歌手の過剰な技巧的見せびらかしなどが排され、「単純、真実、自然」という理想が準則として志向された。台本作者ラニエリ・デ・カルツァビージは、後に振り返っている。「(『オルフェオ』と『アルチェステ』の聴衆は)真実、論理、自然さ、情熱、感情、恐怖、同情を非常に重んじていたので、『アルチェステ』を五十回上演しても、時折のため息を除いて騒音は一つもなく、感動的な場面では常にハンカチが出てきたものである」。改革オペラに加えて、ドゥラッツォ伯は公開の音楽会も導入し、バレエの改革も推進した。

度重なる改築の末、ブルク劇場はおおよそ一二〇〇人収容を誇る、ウィーン・オペラ界の牙城となった。それまでは宮廷と貴族がほぼ独占してきた高い芸術性を誇るオペラは、これによってより広い社会層にまで普及するに至った。一七五二年以降、ここでフランスのオペラ・コミークが繰り返し好評を博したことにより、ブルク劇場はやがて「フランスの劇場」と称されるようになった。一方、ドイツ語の戯曲とバレエを主たる演目にしたケルントナートーア劇場は「ドイツの劇場」という通称で知られるようになった。

ただ、内実はより複雑であり、時代によっては両劇場にジャンルと演目の重複は珍しくなかった。一八〇五年にペッツルが気づいたように、この二軒の劇場は五〇〇歩程しか離れていなかったため、「同じ大道具が両方の舞台に適しており、どうしても使用しなければならない時には、毎晩の出し物に応じて、そのために巧みに工夫された長いワゴンを利用して、道具が片方から他方へと運ばれる」こともあったのである。

3 劇場附属の楽団

両劇場には附属楽団が配置され、その演奏は外国からも注目された。元々はホーフカペレがオペラ上演に動員されていたが、マリア・テレジアとロイターによる一七五〇年代の改組に伴い、劇場は基本的にホーフカペレの役務からは分離された。しかし以後も、カペレの音楽家が劇場の仕事を兼務することもあった。いずれにせよ、両劇場のオーケストラは、やがてウィーンの双璧《そうへき》としての定評を得、宮廷、貴族、教会に仕える楽団とともに、この都市の音楽文化の中核を担うに至ったのである。

一七五七年にウィーンで刊行されたフランス語のガイドブックによれば、ケルントナートーア劇場附属楽団は、ヴァイオリン十名、ヴィオラ、チェロ、コントラバス、オーボエ、ホルン二名ずつ、フルートとファゴット各一名から構成された。一方、ブルク劇場のオーケストラ団員には、ヴァイオリン十二名、それ以外はケルントナートーア劇場とほぼ同じ編成となっていた。つまり、当時の両楽団はそれぞれ総数二十二人から二十四人で、意外と小規模であったといえよう。

それも一七六〇年代以降には緩やかに増員されていったことが、一七七三年の団員数と報酬をまとめた表3-1から見てとれる。これに臨時採用もあり、団員が所属楽団を変更したことも間々あったようである。またある楽器担当の団員が必要に応じて、たとえば別にティンパニ、トランペットなどを奏した事例も確認できる。表3-1の原史料を作成した監督らしき人物は、三十人前後の個々の団員の成績も付け、「非常に上手」から「非

表 3-1　1773 年の両劇場附属楽団の団員数と当年の報酬(総額)　(単位＝fl.＝グルデン)

	ブルク劇場		ケルントナートーア劇場	
ヴァイオリン	14 名	4,370 fl.	12 名	2,460 fl.
ヴィオラ	4 名	890 fl.	3 名	480 fl.
フルート	2 名	440 fl.	−	−
オーボエ	2 名	750 fl.	2 名	360 fl.
ホルン	2 名	600 fl.	2 名	600 fl.
ファゴット	2 名	500 fl.	2 名	330 fl.
チェロ	3 名	1,020 fl.	3 名	530 fl.
コントラバス	3 名	900 fl.	3 名	510 fl.
計	32 名	9,470 fl.	27 名	5,270 fl.

John Rice, *Salieri and Viennese Opera*, p. 51 の写真より作成(原史料はハンガリー国立公文書館所蔵 Keglevich 文庫).

常に下手」まで五、六段階にランク付けしている。「下手」と評価された奏者はケルントナートーア劇場に六人であるのに対し、ブルク劇場には二人しかいない。報酬と評価の懸隔より、両楽団の演奏水準の相違が推測できるが、バーニーはより安く運営されていたケルントナートーア劇場の楽団でも、ハイドン、ホフマン、ヴァンハル作曲の序曲や交響曲や幕間の音楽を「とても上手に演奏した」と判定しているので、かなり高い演奏レベルが維持されたようである。

4　ウィーンのバレエ

ウィーンのバレエの源流

劇場が幅の広い観客層を惹き付けるために、バレエは不可欠なジャンルであった。バレエは音楽演奏ほど抽象的ではなく、外国語の分からない観衆でもたやすく理解できたこともあり、十八世紀より次第に人気の高い芸術となっていった。ウィーンで作曲されたバレエ音楽は、現在ではそれほど注目されていないが、かつてはグルック、モーツァルト、ベートーヴェンをはじめ、無数の作曲家が劇場の委嘱に応じて優れた作品を創った。

ウィーンにおけるバレエ公演の嚆矢《こうし》は、一六二二年の夏に皇室の離宮で行われた上演に遡る。この時、具体的に何が舞台に掛けられたのかは不明であるが、ダンサーたちが綺麗な動作で動きまわったことが伝わっている。その四年後、ヴェネツィアより振付師のサント・ヴェントゥラがウィーンに呼ばれ、祝祭日などに合わせて新作を宮廷に献上している。当時はまだ舞台芸術の舞踊と社交ダンスとの境界線が曖昧であったこともあり、ヴェントゥラは宮廷関係者の舞踊師匠の役割も兼務していた。舞台上でのバレエ作品には、主に男性ダンサーが登場した。

十七世紀を通して、カルセルと称された騎馬バレエ（公開馬術）もブルク前の広場や冬季乗馬学校で観客を集めて披露された。カルセルは君主の権威を象徴し、現在もブルクで観光客相手に催されるリピッツァーナ馬による馬術供覧の濫觴《らんしょう》である。一七四三年にマリア・テレジアは、女性のみによる大カルセルを主催し、本人も白馬に乗り、畏敬の念を抱く人びとを前に自ら馬術の妙技を見せた。

時代が進むにつれて、宮廷はフランスのバレエを習うべき規範と見なしたが、専属ダンサーとしては大勢のイタリア人が採用され、女性ダンサーも次第に増員されていった。十八世紀以降になると、両劇場で上演されたオペラに挿入された妖艶な舞踊が一世を風靡《ふうび》した。一七五〇年代にケルントナートーア劇場は、女性ソロ・ダンサー五名（名前から判断すれば、うちイタリア人四名、フランス人一名）、男性六名（全員イタリア人）を抱え、その他にコール・ド・バレエ（群舞）のダンサーとして女性六名、男性四名が活躍した。ほぼ同時期に、ブルク劇場にも女性ソロ・ダンサー三名（イタリア人一名、フランス人二名、うち一名は歌手を兼ねた）と男性三名（全員フランス人）、コール・ド・バレエに女性四名、男性七名が属し、それぞれの職責を果たしていた。

図3-5　ジャン＝ジョルジュ・ノヴェール．画家不詳．

三人の振付師

十八世紀のウィーンのバレエの発展に最も大きく寄与したのは、オーストリア人のフランツ・ヒルファーディング、グルックとともにオペラ改革を推進したイタリア人のガスパロ・アンジョリーニ、そしてフランス人のジャン＝ジョルジュ・ノヴェール（図3-5）の三名であった。くわえてナポリに生まれ、以上の三人と同じくパリで研鑽を積み、ベートーヴェン作曲の『プロメテウスの創造物』に振り付けを施したサルヴァトーレ・ヴィガノの功績も見逃せない。

初期のケルントナートーア劇場の項で前述したシュトラニツキーの同僚であったヒルファーディングは、一七四二年より宮廷振付師に就任し、一貫した物語を背景としそれを表現する種類のバレエの創作を手掛けた。一七五二年から一七五八年にブルク劇場のバレエ団を監督するようになり、一七五五年からは補佐を務めたアンジョリーニとともに三十以上の作品を誕生させた。それらの演目の付随音楽の多くはブルク劇場楽団のヴァイオリニストであったヨーゼフ・シュタルツァーによるものであった（図3-6）。後年、シュタルツァーはノヴェールのバレエ作品の音楽も作曲している。

一七六七年、ヒルファーディングはルートヴィヒスブルク（シュトゥットガルトの郊外）の宮廷に務め

図 3-6　ヒルファーディングとシュタルツァーが 1758 年，ムスタファ 3 世が皇帝に即位した際に創作し，オスマン帝国大使の来訪を記念したバレエ『寛大なトルコ人』の舞台風景．この作品は当年だけでも，32 回も再演された．右側のボックス席から舞台を満足そうに眺めているのは，劇場監督のドゥラッツォ伯である．ベルナルド・ベロット(カナレット)画．

ていたノヴェールをウィーンに呼び寄せ、以後バレエ界の発展はいっそう促進された。ノヴェールはヒルファーディングの舞踊美学に類似した「筋立て舞踊」(十九世紀より「バレエ・ダクシォン」と呼ばれた)を提唱した。二人はともにバレエをダンサーの単なる優美な動きを通して抽象的な風景を舞台に載せるのではなく、ダンサーはある特定のプロットを演じ、それに応じて感情を手のしぐさや顔の表情ばかりか全身の動きをもって表現することが重要であると考えたのである。

ヒルファーディングが一七五八年より一七六四年までサンクトペテルブルクで活躍する間、補佐役のアンジョリ

図3-7　ノヴェールが1763年ルートヴィヒスブルクで作った筋立て舞踊『ジャソーとメデー』の再演からの場面．ロンドン，1781年刊の銅板より．

ーニはウィーンでグルックとともに、バレエ・パントマイムの『ドン・ファン』を成功させている。この公演は大きな話題となり、作品中の「ファンダンゴ」は四半世紀後に、モーツァルトの『フィガロの結婚』第三幕に再登場することになる。『ドン・ファン』は一七六一年にケルントナートーア劇場で初演されたが、そこではじめてこれまでの古風なバレエで使われた仮面や定型のダンスが排除され、一貫した物語に即したバレエが演出された。翌年アンジョリーニはグルックの『オルフェオとエウリディーチェ』の振り付けも任され、一七六五年までオペラ中のバレエの充実に尽力した。

一方ノヴェールは、すでに一七六〇年に自らの考えを『舞踊とバレエについての手紙』としてまとめ刊行していた。彼は一七六七年にグルックの改革オペラ『アルチェステ』のバレエを創作して大評判を博し、その後も両劇場のための舞踊とマイムの融合を試みる数多の名作を残した。しかし一七七四年、彼は活躍の地をミラノとパリに移し、その後任にはアンジョリーニが昇格した。

このようにウィーンのバレエはノヴェールが完成させたといえるが、総じて舞踊が嗜好に合わなかったヨーゼフ二世は、ケルントナートーア劇場のバレエ団を「誠に低水準」と評価するにとどまった。一七七六年、彼はこのバレエ団を一挙に解雇し、その結果、一七八一年末よりグルックの作品を上演するためにバレエ団が半年間臨時採用された時期を例外として、バレエはウィーンの劇場から姿を消すこととなった。バレエの復活は、ヨーゼフ死後、後を襲った皇帝レオポルト二世の治世を待たねばならなかった。一七九一年、それ以前にイタリアの領地を長期にわたり支配し、一七六〇年代には最盛期のウィーンのバレエを鑑賞した経験を持つレオポルトは、ウィーンのバレエ団を蘇生させ、ダンサーたちは再びケルントナートーア劇場の舞台を踏むようになった。

5　ヨーゼフ二世の劇場改革

前述したように、一七七六年にヨーゼフ二世はバレエ団を解散させたが、同時に以後劇場の采配は自らがとると宣言した。これは彼が少なくとも二年間の検討を行った結果の新政策であった。一七九四年に皇帝フランツ二世が再度劇場の自主採算制を導入するまで、運営権が宮廷に戻ったのである。

ヨーゼフ二世はドイツの劇作家のゴットホルト・エフライム・レッシングに感化され、ドイツ語の演劇を下品な即興茶番劇と外国輸入の喜劇とから解放しようと考えた。既に触れたゾンネンフェルスは、その著作がウィーンの文化に大きな影響を及ぼしたことで知られているが、彼もすでに一七六八年には国民劇の必要性を説いていた。「演劇が国民的であれば、(国民の間の)主だった悪行や愚かさを、嫌悪すべき馬鹿げたものと見せるであろう。それによって、演劇という娯楽はよりいっそう高尚さを増し、そこから最下層の市民でさえも真の徳と美を学び、善良な気風が全国に広がるであろう」とゾンネンフェルスは力説し、つねに国民の教化方法を模索していたヨーゼフ二世に少なからぬ影響を及ぼしたとされる。

そうしたこともあって、皇帝はブルク劇場を「ドイツ国民劇場」に改名し、役者を宮廷の職員とした。以後、演劇はドイツ語で行われたため、高い出演料を求める外国の役者を採用せずに済んだ結果、入場料も引き下げられた。五階席が改革前の値段の三分の一程度の七クロイツァーと定められ、その料金は一七八九年まで維持された。戯曲としてヨーゼフ二世は「あらかじめ内容の定まった(つまり即興でない)良質なオリジナルな作品か、定評のある外国語戯曲の独訳版」を求め、役者たちに候補作品の価値の品定めと演目選定を委ね、監督者の選出も任せた。演劇団はシェーンブルン宮殿やラクセンブルク離宮などへも皇帝に同行し、ウィーンでは週三、四回ほど出演した。ヨーゼフは、ケルントナートーア劇場には深い関心を示さず、これをウィーン来訪の外国巡業団などに無償で使用させ、入場料の設定も自由化した。

一七七八年に、ヨーゼフは台詞、独唱、重唱、合唱曲からなる歌芝居の上演のために「国民的ジングシュピール」を創立し、経費の節減を図った。この時に両劇場のオーケストラ団員も一端解雇され、ケルントナートーア劇場の楽団は廃止された一方、ブルク劇場の代わりに新設された「ドイツ国民劇場」の附属楽団員数は少し増員された。こうした改革を通してヨーゼフは、舞台芸術のドイツ化を試みつつ、楽団のスリム化も目指していたようである。ニコライは、一七八〇年代に第一ヴァイオリン、第二ヴァイオリンそれぞれ六名、ヴィオラ四名、チェロ・コントラバス計三名と、二管編成からなる楽団によって幕間に演奏されたハイドンとヴァンハルの交響曲を注意深く聴いた印象を書き残している。それによると、弦楽器はスタッカートの音をベルリンのオーケストラの水準を遥かに超える正確さと均等さで奏で、アンダンテの曲もベルリンやドレスデンの楽団より軽やかに演奏していたという。改革後にも、演奏水準がそれほど低下しなかったことが窺われる。

ジングシュピールというジャンルはかつて北ドイツに芽生えていた曲に起源をもっていた。ヨーゼフ二世は、これにイタリアのオペラ・ブッファ（喜劇的オペラ）、フランスのオペラ・コミークや民衆劇、イギリスのバラード・オペラ、ウィーンの人形芝居などを混淆させて総合し、この新しい芸術で臣民の教養と道徳の水準の向上を期したようである。ブルク劇場で上演されたジングシュピールは通常ドイツ語の劇に合わせた二本立てとして聴衆に提供され、一七七八年を境に、イタリア語の作品はこの劇場のプログラムから消えた。

ウィーンのジングシュピール最初の作品は、イグナツ・ウムラウフ作曲の『坑夫たち』（一七七八年

図3-8　ウムラウフ作曲『坑夫たち』より．カテリーナ・カヴァリエーリが歌うソフィー役，上階から坑夫フリッツが覗いている．1779年，画家不詳．

初演)であった(図3-8)。サリエーリに師事したオーストリア人作曲家のウムラウフは、ブルク劇場の名簿によれば、一七七二年以降ホーフカペレにも属した四人目のヴィオラ奏者で、二五〇グルデンの俸給を受け、能力は「まあまあ」と判断されていた。演奏者としてはそれほど目立たなかったわけであるが、作曲に秀でていたのであろう、「国民的ジングシュピール」の楽長に抜擢されたのであった。

その『坑夫たち』は、登場人物わずか四人のコンパクトな一幕の作品であったが、一七八三年までに三十回も再演される話題作となった。現在では、ほぼ完全に忘れさられているとはいえ、当時にあっては画期的な作品と考えられたので、その粗筋を少し紹介しておこう。年老いたワルハー(バス)は里子ソフィー(ソプラノ)との結婚を望み、彼女と恋仲である若い坑夫フリッツ(テノール)との結婚に反対する。ワルハーは恋人たちの出会いを阻《はば》み、罰としてソフィーを庭木に縛り付ける。しかし、恋人たちを憐れむ占い師のデルダ(ソプラノ)は、ソフィーを解放し、その身代わりとなる。ワルハーが、デルタを発見すると、デルタは彼に対し、実はソフィーはデルダの父親が昔誘拐したワルハーの実の娘であると告げる。それは虚偽ではあったが、これを聞いてワルハーは、ソフィーのフリッツとの結婚に承諾を与える。ところが騙されたことに気づくや、腹を立てたワルハーは、この承諾を撤回し、フリッツの働く鉱山に赴く。しかし縦坑《たてあな》が崩壊しワルハーは生き埋めとなってしまう。ワルハーの窮地を救ったのは、フリッツであった。こうして最後には、ワルハーもついに二人の結婚を祝福するに至る。

このような庶民が主人公となる通俗的なラブ・ストーリーは分かりやすいばかりか、劇中に織り込まれた歌曲の歌詞、例えば「国のため鉱山から金を採れ、なんと名誉ある身分」などは、臣民の教化にも直結していた。この『坑夫たち』には、民謡に近い旋律、オペラ・ブッファを思わせる重唱、登場人物が輪番で一節ずつ歌唱するフランスの流行歌の影響などが認められる。

『坑夫たち』に続き「国民的ジングシュピール」には、様々な委嘱作品やフランスとイタリアの作品の独訳も上演された。その中の最高峰は、一七八二年に初演されたモーツァルトの三幕の『後宮からの誘拐』である。

ウィーンの国民主義者はヨーゼフ二世の「国民的ジングシュピール」を歓迎したが、出演したのは役者というよりは演技力に乏しい歌手であり、イタリア語とフランス語の作品に傾倒した高位貴族や上層ブルジョワジーの要望に充分に応えることはできなかった。そもそも、ドイツ語の使用に固執した以外、ジングシュピールはそれほど独創的なジャンルではなく、演劇と歌劇の合わせ方も説得力に欠けていた。カロリーネ・ピヒラーが一八二一年前後に振り返ったところによれば、ジングシュピールは、「どっちつかずのジャンルとして、まったく本当の芸術的な面白みを与えてくれない」のであった。しゃべっている登場人物が「途中で突然歌い出すという不自然さ」を嫌った観客は、彼女以外にも少なくなかった。こうしてジングシュピールがオペラ界を制覇する見通しが遠のいたころの一七八三年には、ヨーゼフ二世はイタリア語のオペラ・ブッファの復活を命じ、サリエーリ、チマローザなどのオペラが週三回ほど上演され、ロージェ予約率も上昇していった。

このようにジングシュピールはイタリア・オペラに取って代わることはなかった。しかしケルントナートーア劇場では、前者の興行が続き、一七八六年には皇帝の要請を受けて作られたディッタースの『医師と薬剤師』(ドイツ語)が、同年初演されたモーツァルトの『フィガロの結婚』(イタリア語、ブルク劇場で初演)をも凌ぐほどの人気を博したこともあった。ケルントナートーア劇場のジングシュピールに「費やされる金はイタリア・オペラのそれよりもかなり少ないため、歌手の質もより悪く、様々な面ではるかに後者よりも劣っている」と、ペッツルは一七八七年に断定している。それでもジングシュピールは、この劇場や郊外の劇場などでも上演され、そのジャンルからは『魔笛』(モーツァルト)や『フィデリオ』(ベートーヴェン)などといった傑作も生まれた。

一七八七年、おりからオーストリアが対オスマン帝国との戦争に巻き込まれることが避けられない見通しが広がり、皇帝はさらなる緊縮財政を指示した。翌年、ドイツ国民劇場のジングシュピールとイタリア・オペラの両劇団が解雇され、ケルントナートーア劇場も以後三年間閉鎖されることとなった。一七九〇年、二十年間イタリアに滞在していたレオポルト二世が皇帝の座につき、ウィーンの両劇場はさらにイタリア化の度を加え、バレエ、イタリア語のオペラ・セリアも復活し、ウィーンのオペラ界は新しい時代へと踏み込んでいった。

6　劇場活動の自由化とレオポルトシュタット劇場

ヨーゼフ二世の一七七六年に断行した演劇改革の一環だったウィーンの劇場に対する規制は、目に見えて緩和された。その結果、その後の二十年間に、レオポルトシュタット(現在の二区)、アウフ・デア・ヴィーデン(現在の四区)、ヨーゼフシュタット(現在の八区)、アン・デア・ウィーン(現在の六区)などの新市街に、新しい劇場が相次いで創立された。また一七八八年には四旬節の間の郊外の劇場での公演も許可されるようになった。

こうした劇場建設ブームには、改革以外の社会的要因も働いていた。一つには、ウィーン郊外の人口がこの時期に著しく増加し、周辺に工場が続々と建てられ、通行もより快適となったことが挙げられる。

パリのタンプル大通りやロンドンのウエスト・エンドなど、限られた都市域に集中した施設とは異なり、ウィーンの新市街に建てられた劇場はそれぞれの住民生活に密着し、地域との関連が強かった。

そのため旧市街の両劇場の客入りが貧弱であった時期にも、新市街のより安価な劇場は大勢の観客で賑わったのである。

カスペルとヴェンツェル・ミュラー

特にウィーンの庶民の人気を集めたのは、役者・劇作家のカール・マリネリが一七八一年に建設し、およそ一〇〇〇人の観客を収容できたレオポルトシュタット劇場であった。この劇場の、当初の主なレパートリーは、小市民的な喜劇、ジングシュピール、ハンスヴルストに由来した道化役のカスペルを主人公とする茶番劇などであった。

その後しだいにこの劇場の演目は多様化し、一七八六年には人気作曲家のヴェンツェル・ミュラー(図3-9)が、二十四人から三十人程度の団員からなる楽団の統率のために採用され、多くのジングシュピールと演劇が上演された。なかでもスター役者のヨハン・ラロシュのカスペル役は爆発的な大好評を博し、巧妙な陰謀と笑止千万の人違いをテーマとする戯曲がウィーン人の注目を集めた。

しかしながら、この類の芝居の伝統を知らない外国人来場者の中には、眉をひそめるものも少なくなかったという。ドイツ人の神父・作家のフィリップ・レーダーも、その一人であった。大声のカスペルを「太っている荒っぽい農夫の姿をした酔っ払い」と嘲り、「彼は舞台の前方に立ち、しかめっ面のおかしな顔をして、舌を突き出し、口を大きく開け、目を引き離し、手をたたき、足を踏み鳴らし、狂人のように舞台上を走り回り、最悪なちんぷんかんぷんのオーストリア方言を話し、まるで野生動物でも追い払うかのように叫んでいる」とレーダーは口を極めて攻撃する。「趣味がよいと自負する観客が、こうした粗野な無礼を黙って聞いているだけでなく、実際に拍手を送りさえしていることには驚く以外ない。カスペルがより間抜けで愚劣であるほど、拍手は輪をかけて激しく鳴りやまない」と、カスペル人気に対するレーダーの慨嘆はとどまるところを知らない。

ところが、こうした批判にもかかわらず、カスペルの名はウィーンのあらゆる社会階級の間に知れ渡り、前章にも述べたように、ヨーゼフ二世ですらカスペルのアリアを愉しく歌ったほどであった。一七八八年にアウフ・デア・ヴィーデン劇場を監督することになるヨハン・フリーデルが、その四年前に刊行された著作で認めたように、当時真の国民劇場と呼ぶべきは、ヨーゼフ二世の「ドイツ国民劇場」ではなく、まさにレオポルトシュタット劇場なのであった。フリーデルによれば、カスペル役は「その演技の趣味の悪さとジョークの不条理さとの故に、自ら感受性が鋭いことを誇示したがるある種のウィーン人や他から知的であると見られたがる若い娘や婦人らの非難の的となっている。ところが、ばかげているのは、一番大きな声で彼を弾劾する人びとこそが、その舞台

図 3-9　ヴェンツェル・ミュラー．1835 年，ゲオルク・デッカー画．

を最も頻繁に訪れていることである」。こうしてついには、レオポルトシュタット劇場は「カスペル劇場」という通称で知られるに至ったのである。

一七九〇年代半ばより、レオポルトシュタット劇場では、ガスマン、サリエーリ、ジョヴァンニ・パイジェッロなどのイタリア・オペラ（独訳）も上演され、レパートリーがなお拡大しつつあった。他の劇場で上演されたオペラのパロディもこの舞台に載せられた。さらに一八一三年、宮廷両劇場のバレエ団が一斉に解雇された時には、失職したダンサーたちはこぞってレオポルトシュタット劇場に避難し、その結果、ここがウィーン随一のバレエ団を抱えるようになった。

楽長のミュラーは生涯、空前絶後の一六六曲ものジングシュピールをレオポルトシュタット劇場に提供しつづけた。一七九四年刊の『ウィーン演劇年鑑』は彼について高く評価し、以下のように記している。「ここまで絶え間なく聴衆を歓ばせることを自負できる作曲家は、他にあまりいないであろう。しかもミュラーは舞台で何が効果的であるのかを熟知し、とりわけ人びとを愉しませるメロディーを豊富に作っている」。その代表作の一つは、一七九三年に初演され、その後二五〇回もの再演の機会に恵まれた二幕のジングシュピール『新日曜日の子供』（「幽霊が見える子」という意）である。その粗筋は以下のようである。幽霊を怖がる臆病者のハーゼンコップフ公（＝「うさぎ頭」）は、娘ヘンリエッテとヴァーラ大尉との結婚を、大尉が貧しいことを理由に反対する。そうした事態に反発した恋人同士は、彼に悪ふざけをしかけようと企む。ヴァーラとその下僕のヨハンは、ヘンリエッテを誘拐す

Allegretto.
1. { Wer nie-mals ei-nen Rausch ge-habt, der ist kein bra-ver Mann,— der ist kein bra-ver Mann.
Wer sei-nen Durst mit Ach-teln labt, fang lie-ber gar nicht an,— fang lie-ber gar nicht an. }
Fine.
Da dreht sich Al-les um und um in unserm Ka-pi-to-li-um, in un-serm Ka-pi-to-li-um.
Da Capo al Fine.
D.C. al Fine.

譜例3-1　ミュラー作曲「酔ったことのない人」.

るため幽霊に扮する。この策略は当然底が割れてしまうが、その間ヴァーラは、全財産を継母にではなくヴァーラに譲るという自分の父親の遺言を発見する。これによってヘンリエッテの両親が、最終的に二人の結婚に同意せざるを得なくなる。この単純なプロットと音楽が、作曲家ミュラーの名声をヨーロッパ中に広めることとなった。一七九四年の『アイペルダウアーの手紙』には、「ウィーン人はこの音楽を聴いただけでも、うっとりする」とある。

『新日曜日の子供』から、大流行した「酔ったことのない人」と題された アリア(譜例3-1)は、「酔ったことのない人は、いい男じゃない」という歌詞を含み、酒を褒め称える内容のごく短い歌である。六小節の前半と三つのフレーズからなる八小節の後半を有する旋律には、ちょっとした工夫が窺えるが、音楽に疎《うと》くても一度聴いただけで口ずさむことができる特徴を有している。ミュラーの作った他の歌と同様、主・属の三和音を繰り返す和声進行、ポリフォニックな書法の欠如、きわめてシンプルなリズムとフレーズ構造を見れば、これと比較して当時モーツァルトの作品が一般的に「音が多い」とか「複雑すぎる」などと評されたのも無理からぬことがよく分かるであろう。

7　ヘッツ劇場と大衆の生成

当時ウィーン最大の劇場は、ここまで取り上げた施設のいずれでもなく、「ヘッツ」という動物闘技場であった。そこでは、動物を互いに戦わせ、嬲《なぶ》り殺すという見世物が演出され、ウィーン住民はそれを「演劇」(テアーテル)の一つと類別していた。

ヘッツ劇場の起源は一六九九年にまで遡るが、一七五五年には市の東にあたるヴァイスゲアバー(現在の三区)という郊外村に、木造三階建てのヘッツ専用施設が建てられている(図3-10)。内径四十二メートル強の円筒形をしたこの劇場は、一七九六年に焼失するまで継続的に運営され、一度に約三〇〇〇人の観客収容が可能であったという。その最盛期にヘッツの経営に携わったのは、一時両劇場

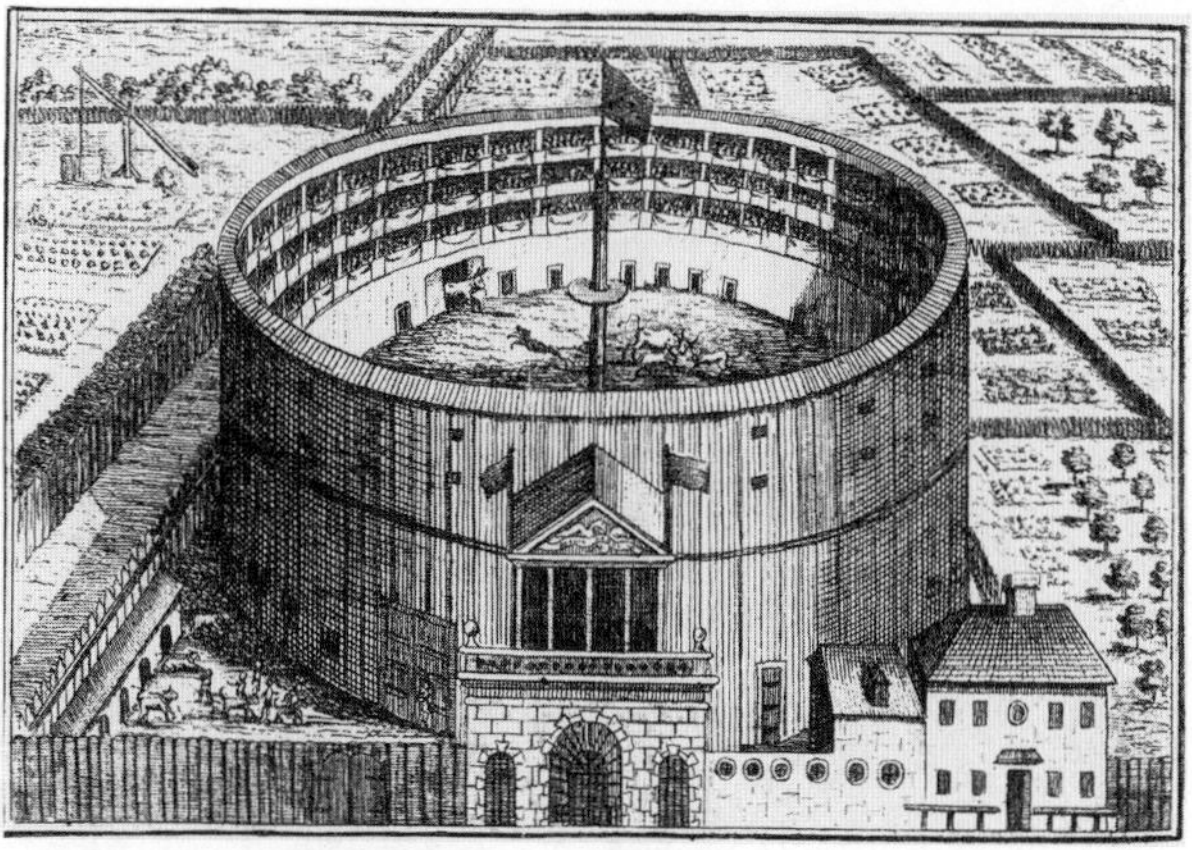

図 3-10　1779 年前後のヘッツ劇場．飢えた犬の群れ(左下にその小屋が見える)に嬲り殺される牡牛の場面が描かれている．左奥に 2 頭目の牡牛が，同じ悲惨な運命に臨んでいる．

をも運営していたイタリア人興行師ジュゼッペ・アフリジョであった。しかしその後彼は、一七七八年にボローニャで詐欺の疑いで逮捕され、船を漕ぐ重労働刑に処せられ、十年後エルバ島で惨めな最期を遂げたという。

一七七三年の記録によると、ヘッツでは年間三十六回もの公演が挙行されている。通常は三月から十一月の日曜日と祝日の午後五時頃に催行された。その前日には馬上の男が市中を駆け廻り、出し物を知らせる広告を配った。それには「動物の美しく愉しい闘技」と印刷されており、登場する熊や牛などが宮廷に仕える犬によって「調教されれ」、「慈悲を願ったり」、「勇気を見せたりする」だろうなどと人びとの好奇心と怖いもの見たさを煽る文言が躍っていた。当日繰り広げられた興行では、あらかじめひどく痛めつけられ衰弱した熊、牛、猪、狼、鹿などが次々と檻《おり》から放たれ、何匹かの猛犬や別の猛獣に追われ、手足や耳を噛みちぎられ、さらには首にかけられた爆竹によって虐げられるといった蛮行が、一時間半ほど続いたとされる。擬人化された動物たちがむごたらしく引き裂かれる「演技」によって、観客は自身があたかも動物になったかのごとく「ヤアァ！」と大声をあげ、猛烈に手を叩き、陶然として興奮のるつぼに我を忘れた。そして「舞台」の背景には、観衆の興奮をいや増すため、単純で各小節の強拍がむやみに強調される大音量の「トルコ音楽」(管楽器と打楽器から編成)が流されていたという。前にも引用したレーダーによれば、「太鼓、笛、ホルン(おそらくトランペット)の音楽はその数、数百匹に及ぶ犬の吠える声と馬のいななきに混ざり」、騒々しい雰囲気を盛り上げた。「演技」を指揮した「ヘッツ長」が、疲れ果ててもなかなか絶命に至らない動物にとどめを刺した際には、ドラムが激しく叩かれ、トランペットが高らかに吹かれ、来場者による万雷の拍手が轟きわたった。

こうした見世物の入場料がどれほどであったかは、ヘッツの一七九二年のプログラムに記されている。それによると、二人用のロージェには約四グルデン半、一階席は右側一グルデン、左側四十クロイツァー、二階席は二十クロイツァー、三階席はその半額と、かなりの値段が付いていたことが分かる。それらは両劇場と較べても決して安い入場料とはいえず、ヘッツが真の「庶民的」な娯楽であったとはいいがたい。レーダーの観察によれば、ヘッツの「ロージェ」には高位貴族、一階席には各階層のお歴々、二階席には一般市民、神父、店の番頭、掃除婦、女中、諸種の娘たち、三階席には下僕、ウェイター、料理人、職人、手習いなどの男女」が腰を下ろしていたという。

『ウィーンの特徴に関する親書』の著者が皮肉を込めてコメントしたように、ヘッツとウィーンの上層階層との共存関係には理解しがたいことが少なくなかった。タバコの匂いすら嫌悪する貴婦人たちが、なぜヘッツの息が詰まる悪臭にはびくともしないのだろうか、ペットのカナリヤの死や飼い猫の病気にすらおいおい泣く令嬢たちが、なぜヘッツの惨状に歓声をあげられるのだろうか、そしてグルック、ハイドン、モーツァルトらの美しい音に慣れ親しんでいるはずの高貴な人びとが、なぜヘッツの下劣で騒々しい音楽に耳を汚して平気なのか。

ヘッツのような見世物が成立する条件としては、興行師の資本が不可欠であった。それがあって、はじめて社会的経済的な利害関係の一致しない雑多な人々を同じ場所に集合させ、見世物を通して多様な人々からなる慣習の間に、刹那的かつ擬似的な一体性を醸し出すことが可能となった。しかし、ここにおいても観衆は依然として価格の異なる座席の位置によって区別されていたのである。ヘッツのような場において、社会の身分制度あるいは階級構造が払拭されることは決してなかったといわなければならない。

いずれにせよ、一七九六年にこの劇場が全焼するまで、ヘッツは首都の最も徹底的に商品化された演劇であったといってよい。出し物の芸術性が動物的なレベルまで低下し簡易化すれば、収益性が上がるという論理に徹頭徹尾従ったジャンルであった。一七九五年の『アイペルダウアーの手紙』はその特徴を皮肉交じりに論っている。「聞くところでは、ヘッツからは(一日に)一〇〇〇グルデン以上の利益が出た。同じ日に資金不足で勉強できない学生を支援するために、アウガルテンでは数人の音楽家が慈善演奏会を開いていた。しかし、後者はごくわずかな金額しか得られず、もし聴衆の一部の男女が要求された入場料の六倍を拠出してくれていなければ、収益はさらに少なかったであろう。仕方がない。やはり演奏会はヘッツではないのだから」。この「仕方がない」には、ウィーン社会の現状に関わる大きな意味が込められていた。娯楽と芸術などをすべて市場原理に任せただけでは、誇るべき文化は誕生しない。音楽文化の水準向上には、単なる経済的自由ではなく、教育こそが不可欠である。そこで次章では、ウィーンの音楽教育の発展について見てみよう。

第4章

ウィーンの音楽教育と聴衆の形成

十八世紀後半以降、それまでは宮廷、貴族、教会が牛耳ってきた芸術音楽は、様々な教育機関、あるいは商品化されたレッスンの形で一般社会に普及しはじめ、都市住民の音楽熱が一層上昇していった。音楽教育の広がりにより、音楽家の家庭に生まれなかったウィーン人も、従来は望むべくもなかった指導の恵みを享受できるようになった。

とはいえ、帝都の庶民に与えられた音楽教育は、いまだ系統的というにはほど遠く、非常に場当たり的な性格を免れなかった。また音楽教育の量と質は、学習者の家柄、貧富、所属する社会的階級、性別などにより大きく異なっていた。市民間の購買力の格差により、音楽の学習と実践に不可欠な楽器、楽譜、教則本などの普及も一様とはいえず、社会的に最も弱い立場にあった者たち――言い換えれば音楽の学習から最も大きな恩恵を受けるはずであった人びと――は、そのための充分な音楽教育に、容易にアクセスすることができなかったのである。

以下本章では、この都市のかくも複雑で一貫しない音楽教育の展開を、その教育現場や教育機関に即して、順次見ていくこととしよう。

1　ホーフカペレにおける音楽教育

ウィーンの楽師は中世以降、同胞団とツンフトなどを結成し、自らの特権を維持しながら音楽の知識と技術を次世代に引き継いでいった。彼らの役割は、君主が登場する際のファンファーレや、軍楽に不可欠なトランペットやティンパニの演奏であったが、政府はかねてよりこうした仕事を重視し、楽師に対する報酬は、ホーフカペレとは別予算から拠出されていた。

十六世紀より十八世紀半ばまで、ホーフカペレは、オルガン演奏などすでにある程度の経験を積み一定程度以上の技量をもつ研修生の総数五名から十三名を入団させることで、器楽演奏者の養成に努めてきた。研修生は声楽、通奏低音と対位法などの訓練を受け、研修期間終了後、正式にホーフカペレへの入団を果たしたものも少なくなかった。後に名声を博するムッファト、ヨーゼフ・ボンノ、ヴァーゲンザイルなども、みな若い頃はこうした研修生であった。これらの研修生の教育に当たったのは、十七世紀にはシュメルツァー、十八世紀にはフックスなど、ウィーンの第一線で活躍した音楽家たちに他ならなかった。

十九世紀までは、音楽的才能を認められ、聖歌隊団員としてホーフカペレに入団した少年たちは、寄宿生として日夜音楽の稽古を積んだ。十八世紀半ば以降のホーフカペレには六名から十名程度の若者が、上声部を担当し、音楽の勉強に励んだ。一七八二年以降は、ブルク劇場のジングシュピール劇団の楽長を務めたウムラウフが生徒たちを監督し、一八〇一年まで彼らは劇場の合唱団員としても酷使された。ウムラウフの時代にはまだ、ホーフカペレの教育の制度化は進んでいなかったが、十九世紀よりヴァイオリンの教科が加わり、ピアノも選択科目となり、少年たちは師範学校同様の教科も学

図4-1　1724年前後のイエズス教会の正面．右に隣接する建物は教会附属高等学校．1773年に国有化された後，コンヴィクトとなった．ザロモン・クライナー画．

ぶようになっていった。学内ではオーケストラによるハイドン、モーツァルト、ベートーヴェンなどの交響曲や序曲が毎晩演奏されるようになり、特に作曲家志望の生徒たちには掛け替えのない経験であった。そして一九二四年にこの聖歌隊は現代のウィーン少年合唱団となった。

一八〇三年、これらの音楽学徒たちは、大学広場のイエズス教会に隣接するコンヴィクトと称された寄宿学校(図4-1)に移住し、全員が国の奨学金を受給するようになった。一八〇四年から一八二四年の間、彼らの教育を担当したのは、作曲家のヨーゼフ・アイブラーであった。毎年入学試験が行われ、その応募資格は十二歳以下で、最低三年間の小学校学歴を有し、飛びぬけたソプラノの声の持ち主とされていた。一八〇八年十一月には、十一歳のシューベルトもこの門をくぐり、一八一三年までコンヴィクトで生活した。

2　教会と音楽教育

十八世紀のオーストリアではカトリック教会が市民教育の大半を掌握していたが、そのうち音楽教育関連の教会施設は二種に類別されていた。その一つは教会附属学校あるいは聖歌隊員養成施設であった。二つ目は、修道院に附属する学校で、その多くでも音楽教育を含むカリキュラムが存在した。以下、この二種の組織を順に見てみよう。

教会附属学校と聖歌隊員養成施設における音楽教育

ウィーンで活躍した音楽家の中には、幼少の頃より、教会と密接な関係で結ばれた地方の小学校で、最初の音楽指導を受けた者がいた。ハイドンはその一人であった。音楽の素養さえあれば息子は聖職者になれると考えた彼の両親は、ハイドンが五歳の時(一七三七年)、故郷のローラウ村から北東十キロにあったハインブルク村の小学校に入学させた。この学校の児童二十人の学費はピアリステン修道会が負担し、熟達した者のうち毎年四人ほどが、ウィーンのピアリステン教会の聖歌隊にソプラノ歌手として抜擢された。学校にはトランペット八本、ハンティング・ホルン二本、ヴァイオリン六挺、チェロ一挺、コントラバス一挺、ティンパニが備わっており、それらの楽器は授業にはもちろん、村の教会音楽演奏の際にも使用されたであろう。この学校の教師は、教会の合唱団指揮者をも兼務していたハイドンの親類(二十一歳年上の義姉の夫)であり、学童に読み書きのみならず、歌唱や管楽器と弦楽器の奏法の手ほどきなども教授していた。この教師の指導により、少年ハイドンはティンパニの奏法まで身に付けたという。

ウィーン市内の教会も教育施設を運営していた。その筆頭としては、すでに十三世紀には存在していたシュテファン聖堂附属学校があった。その主たる役割はむろん次世代の聖職者養成にあったが、同時にミサと一日七回の祈禱時の奏楽のために、シュテファン聖堂では聖歌隊育成組織も維持されていた。ここで学ぶ者たちは毎日、聖歌の旋律と歌詞や多声の曲の暗記に励んでいた。一七三八年にはゲオルク・ロイターが父親の後任として聖堂の二十七代目教会楽長に就任した。この教会のすぐ隣には一八〇三年までカペルハウス(図1-2)があり、ロイターは、ここに家族と聖歌隊の少年たちとともに生活し、子供たちの指導に当たった。楽団全体では、五名の少年歌手(ソプラノ)に加え、計十二名のカウンターテノール、テノール、バス、十二名の弦楽器奏者、オルガン奏者一名、副楽長など、合わせて三十一名が所属していた。必要に応じて、ホーフカペレなどからのトランペット、ティンパニ、トロンボーン奏者も臨時採用され、ロイター作曲のミサはもちろん、ボンノ、フランチシェク・トゥーマ、フックスらの作品も会衆に聴かせていた。

ロイターは着任した翌年の一七三九年に、ハインブルク村において七歳のハイドンを発見し、ウィーンに連れ帰っている。聖歌隊に入団したハイドンは、そこで「歌、鍵盤楽器、ヴァイオリンを良い先生たちに教わった」と後に回想している。音楽以外にも、初歩的な読み書き、算数、ラテン語などもハイドンはここで習っていたが、忙しいロイターから作曲の指導を受けたのはたった二回であったという。そのため、作曲については、ハイドンは退団後に大ミヒャエラハウスに住んでいたポルポラから学んだ他には、フックスとヨハン・マッテゾンの教則本によって音楽理論、対位法、作曲法を独学で身に付ける以外なかったと振り返っている。一七四五年には、ハイドンの弟のミヒャエルも同じ聖歌隊に入団し、一七七一年にはアイブラーも六歳で同じ登竜門をくぐっている。

修道院とその附属学校における音楽教育

ウィーンで最も長い歴史を誇った男子修道院のひとつに、旧市街のショッテン教会附属のショッテン修道院があった。そこでは、十七世紀にフックスがオルガン奏者を務め、十八世紀にアイブラーが同じ職に就いている。この修道院は一七一九年から一七四一年まで附属学校(ギムナジウム)を運営していた。そこに入学できる生徒は富裕層の男児たちに限られていたが、生徒たちの中で教会の聖歌隊員を務めた者については、学費は全額免除の措置が取られていた。この学校は一時廃止された後、一八〇七年に復活し、一八二五年には四九五人の生徒が在籍していた。名オペラ歌手のフランツ・ヴィルト、ウィーンの代表的な喜劇作家のヨハン・ネストロイ、ワルツ作曲の大家ヨハン・シュトラウス

図4-2　1724年から1730年頃のヨハンネスガッセ(旧市街)にあった聖ウルスラ教会と修道院.

二世やその弟ヨーゼフ・シュトラウスなどもこの学校の卒業生であった。

女子修道院も音楽教育に携わっていた。なかでも故フェルディナント三世の皇太后で、まれに見る教養人であったエレオノーラが、一六六〇年旧市街に創設した聖ウルスラ修道院（図4-2）と附属の女子学校の貢献は大きかった。生徒たちは、全員が宗教以外にも読み書き、算数、手芸などを習い、貴族出自の子供たちはこれらにくわえて、外国語、理科、歴史なども学んだ。ここでも音楽は特に重視され、市民階級の女子は聖歌を歌い、音楽を鑑賞し、貴族出身の生徒は宮廷や修道院の暮らしにふさわしい、より洗練された音楽をも学習した。当然、生徒と教師（主に尼僧）は礼拝や祝典の機会に臨んでは、日頃修練を重ねた作品をきわめて巧みに奏し、会衆に披露した。

カトリック教会の聖人フランチェスコ・ディ・サレスに関係を持つサレス女子修道院に附属した教育施設も注目に値する。この教会は一七一九年故ヨーゼフ一世の皇太后ヴィルヘルミネ・アマリエによって、現在のベルヴェデーレ宮殿の敷地の北端に創立された。この教会の女子修道院は、主に諸侯の娘の教育を担っていたが、同時に孤児や貧困層の女性の教育にも携わっていた。

ここで音楽を学んだ子供たちは、祝祭の際の演奏にも携わったが、そのような場合には、必要に応じて外部の音楽家たちがそこに関わることもまれではなかったと思われる。一七八一年、トスカーナ大公であったレオポルト二世の息子フランツ(一七九二年、皇帝フランツ二世となる)の妃になる支度のためウィーンに呼ばれた十五歳のエリーザベト・フォン・ヴュルテンベルクは、この修道院に入っている。この時、モーツァルトは、彼女のピアノ教師の地位を得るべく画策したようであるが、エリーザベトは声楽の学習も必要であったため、皇帝ヨーゼフ二世は彼女の反対も顧みず、声楽を得意としたサリエーリを採用している。この逸話から遡ること十三年前、十二歳のモーツァルトは、この修道院で行われた祭礼のために『聖霊来たりたまえ』(ヴェニ・サンクテ・スピリトゥス、K. 47)を作曲した可能性が高く、おそらくこの修道院学校の生徒たちがこれを演奏したことであろう。

ヨーゼフ二世の観想修道会廃止

市民の迷妄を打破し、より啓蒙的な道徳観の浸透を図ったヨーゼフ二世は、一七八三年に観想修道会のほとんどを解散させた。この時、ピアリステン修道院や聖ウルスラ修道院などが、廃止の運命を免れた理由としては、それらが観想を促す以外に、社会各層の子女の教育に積極的に従事することによって大きな社会貢献を果たしてきたことが評価されたためでもあったろう。しかし、ヨーゼフ二世の改革により、観想を主たる目的とした他の多くの修道院が閉鎖された結果、それらの施設が所有していた楽器や楽譜などは、公開され大々的に競売にかけられた。その結果、ウィーンにおいて長年修道院が担ってきた音楽の伝統がほぼ途絶えることになり、その影響は後々まで続いた。一八一〇年の『祖国新聞』は、廃止令の余波を次のように振り返っている。

大勢の音楽家が、皇帝ヨーゼフ二世によって廃止された多くの宗教財団（シュティフト）と修道院で教育を受けていた。それらの廃止後、楽器、特に管楽器を練習する若者が減少したことは、ほどなく顕著となった。ここ数年、これらの演奏家は実際に不足している。昔の管楽器の大家の大半は既に死亡しており、音楽家の養成学校を支援しない限り、帝国領とボヘミアでさえも、そうでなくとも数少なくなったオーケストラなのに、全てのパートの演奏に充分な団員を確保できないことが懸念されはじめた。さらに、修道院の廃止と軌を一にして、以前は自らのカペレを維持していた数多くの高貴な人びとも、楽団を廃止した。管楽器の演奏で身を立てることを目指す若者は、オーボエ奏者として軍に入隊するか、地方の劇場オーケストラでマイナーな地位を求めたり、小さな教会での礼拝を拠りどころにした哀れな生活をしたりする以外に選択肢はなくなった。

一八一〇年、こうした深刻な人材不足に対処するために、宮廷劇場の取締役会は若手の管楽器奏者八名を養成する組織を新設する運びとなった。

3　一般市民の家庭における音楽教育と音楽教師の生活

一七九四年の『ウィーン演劇年鑑』には、「ある程度の収入がある父親は、ほぼ例外なく子供たちに音楽を習わせる」と記されている。男子は音楽に習熟していることを誇示できれば、社会進出が加速され、女子は突出した音楽能力を発揮した場合、社交界で目立ち良縁につながる手掛かりを得やすくなると期待されていた。一七八九年の『ウィーン新聞』に掲載された、ある貴族の召使募集広告が「ヴァイオリンを上手に弾き、ピアノ・ソナタの難曲を伴奏できる」者を求めていた事例が示すように、音楽の能力はよりよい就職の条件とされることが少なくなかったのである。

しかしその半面、当時の過剰な教育熱に対する批判的論議も盛んに行われていた。一七九三年に刊行された『ウィーンの特徴に関する親書』という著作は、「語学、ダンス、音楽、絵画の厳しい教育により、親たちは子供たちに苦しみを与えている。当然の帰結として、子供たちの身体はおろか、精神の発達も阻まれ、むしろ発育の芽すら摘まれてしまっている」と警鐘を鳴らしている。『アイペルダウアーの手紙』の一七九七年の巻にも、音楽教育の普及の実態が風刺されている。「猫も杓子もピアノを弾きたがり、たちまち自分が名人になったと思い込んでしまうのだ」と。同じく、一八〇八年

図 4-3　父親による家庭教育現場検分(1785年前後). 著者によると, 聖職者の服をまとう教師が3人の子供に「啓蒙された者は怒らない」と教えながら, 不真面目な子供たちに苛立ち怒っている状況を皮肉った絵である. 児童のひとりは時計ばかり気にしている.

の巻にも微笑みを誘う話が記されている。商家で炊婦として雇われた女性が、宛がわれた部屋を下見した際、その大きさでピアノが入るかどうか、まっさきに計測を始め、練習の妨げとなるので誰も部屋を通らないでくれるよう要求したというのである。一八一二年の巻にも「今はどのような靴屋の娘でもピアノの鍵を叩いている」との観察が記録されている。

　こうして音楽教育が広く普及した結果、ウィーンは有能な素人音楽家で溢れるに至った。モーツァルトが、その手紙(一七八二年五月八日付け)に書いている。「ここには素人音楽愛好家が大勢おり、女子にも男子にも非常に上手な者がいる」。実際、総人口二十三万人前後の十八世紀末のウィーンには、無慮六〇〇〇人に及ぶ素人ピアニストがいたと推定される。一七八六年刊の『胡椒と塩』によれば、

「学んだ曲をモーツァルトとほぼ同じ程度上手に演奏できる女性のアマチュア」もいたようである。

ウィーンの音楽文化を牽引した多数の素人音楽家を育てたのは、主に各家庭が雇った音楽教師たちであった。一七九九年の『一般音楽新聞』の推定によると、貴族や上流社会のピアノ教育を担当した教師の人数は、当時医師より多く、三〇〇人もいたという。モーツァルトは十二回のレッスン代として約二十五グルデンも求めたと父親に報告し、値引きはかえって見下されることになるのだと述べている。彼は三人の弟子を教えていたものの、キャンセルや延期が相次いだため、支払い方法を定額の月謝に変更している。そして、富裕層の弟子が四人もいれば、月約一〇二グルデンの収入となり、最愛のコンスタンツェとの結婚も夢ではないと目算している(当時、ザルツブルク在住の父親の年収は約三六〇グルデンであった)。

しかし一般に、ウィーンの音楽教師の生活は決して楽ではなかった。一七五〇年代のハイドンは、最初、教え子から月二グルデン、若干出世した後は月五グルデンほどをもらっていたという。モーツァルトでさえ、イタリア旅行に出発する準備をしていた新進気鋭のギロヴェッツに会った際、「なんて幸せな人だ。私も一緒に旅行できたら、どんなに幸せだろう。これからさ、また少し金を稼ぐために、ピアノのレッスンをしなければならない」とこぼしている。一七九〇年になると、モーツァルトは友人に、ピアノの弟子の紹介を依頼しており、彼にしてもなお生徒の募集に苦労していたことが窺える。モーツァルトに比べれば、他のピアノ教師の収入はさらに微々たるものであったろう。彼らの苦難は経済的な困窮ばかりにとどまらなかった。芸術家としての自負心と志とが高ければ高いほど、弟子の不熱心な勉強態度、予測困難なレッスンのキャンセル、さらに一日中同じような初歩的な過ちを繰り返し繰り返し正す仕事が耐え難く感じられたであろうことも想像に難くない。

4　ウィーンの学校教育と音楽

一七七三年より、オーストリア政府は学校教育に大きく介入するようになった。学校の制度が整えられた結果、五〇〇〇校が全国に点在し、翌年には男女の初等教育が義務化された。ペッツルによれば、一七八七年まで学費は無料であったが、その後は小学校年間三グルデン、師範学校十グルデン、高等学校十二グルデンの授業料が徴収され、支払われた学費は困窮した家の子供たちの奨学金として再配分されるようになった。

ハイドンの例に見たように、地方の小学校では時に充実した音楽教育が行われていたが、半面、市中の公立の小学校では徹底した音楽教育が行われた形跡はない。ただ、高等学校の場合、少なくともイエズス会の統治に終止符が打たれた一七七三年以前には、音楽教育が実施されていたことがあったようである。一七七二年にバーニーは、具体的な学校名はあげないままに、以下の例を報告している。「夜になって、このまちの貧しい学生二人が、私の泊まった宿の中庭で、ファルセットでソプラノとコントラルトの二重唱を歌っていた。音程がきちんと合い、感じも趣味もよかった。イエズス会の学校で音楽を習っているのかを聞いてもらったところ、そうだと答えたという。そこでは約一二〇人の貧しい学生がいくつかの学部に分かれて学習に励んでいるが、そのうち現在音楽を習う者は十七人にすぎないらしい」と。

その後、高等学校などにおける音楽教育は、少なくとも正規教科としては姿を消してしまう。一七八七年に、ウィーンで『音楽実践に関する哲学的断片』という、興味深い著書を発表したドイツ人の医師・素人ヴァイオリニストのアマンド・ヴィルヘルム・スミスは、音楽教育について「それは適切に教えられれば、様々な面から見て、道徳と同じ程度に習俗の洗練に資するであろう」と評価した上で、早くから学校に音楽教育が取り入れられてきたヴェネツィアなどの例があるにもかかわらず、なぜウィーンでは音楽教育が高等学校教育から排除されたのかと疑問を投げかけている。

公立学校のカリキュラムに目立つこの空白をある程度補ったのは、私立学校教育であった。ペッツルも述べているように、上流階級の子女が通う私塾などでは、とくに女子に対しては「通常の教科に加えて、音楽、舞踊、絵画、刺繡、外国語など」の教育が施されていたのである。

5　孤児院と盲学校

十四世紀のヴェネツィアと十六世紀のナポリには、孤児院を兼ねる慈善院が四軒ずつ運営され、それぞれに四十名以上の女子から構成される評判の高いオーケストラが附属していた。中でもヴィヴァルディがヴァイオリン教師として務めたピエタ慈善院は名高く、後にウィーンで活躍したポルポラやハッセも一時この慈善院の音楽監督を務めた。

こうしたイタリアの事情が広く知られるようになって、ウィーンにも孤児院が設けられた。一七四〇年代にレンヴェーグ通り（現在の三区）に設立された施設は当初イエズス会の司祭が監督し、一七六〇年代にはそれに附属する教会も建造された。一七六八年十二月に行われたその献堂式の際、モーツァルトはミサ曲ハ短調（K. 139）を作曲し、その初演を指揮しているが、その時演奏したのはホーフカペレの団員の応援を得たこの孤児院の子供たちであった。この孤児院は、一七八五年には現在の九区に移転している。

一七七四年に刊行された冊子によれば、レンヴェーグ通りの孤児院にはソプラノ二十名、アルト十八名、オルガンとティンパニ三名ずつに加え、ヴァイオリン・ヴィオラ計二十一名、チェロ二名、コントラバス二名の弦楽器奏者が勉強に励み、さらにトランペット十九名、ホルン十六名、オーボエ十二名、ファゴット七名、トロンボーン三名、フルート二名の生徒は管楽器を担当し、音楽の練習と演奏にいそしんでいた。当時軍楽の一種に数えられていた「トルコ音楽」を実演するためには、他に一本のフルート、トライアングル、タンバリン、小さなシンバル、大小のドラムも用意されたという。ただ教会で、これらの児童・生徒全員が一斉に合奏したのではなく、ミサが行われる度に、慎重に選ばれた数人が奏楽に加わったものと思われる。ニコライの記録によれば、孤児院ではとくに男子の多くが管楽器を習っていたので、その結果、軍に大半の奏者を供給する人材供給源となっていたという。そもそもここで授業を受けた男子たちは、軍服を着ての隊列行進や、騎乗指導者による銃砲訓練などの軍事教練も受けていた。軍隊との関係だけでなく、孤児院は音楽を介して貴族社会とも互恵的関係を維持していた。音楽に秀でた孤児の卒業生は、しばしば音楽愛好家の貴族の宮殿に仕え、その見返りとして孤児院は富裕貴族からの経済的支援を受けていたのである。

ウィーンの盲学校も音楽教育を重視した。フランス人の通訳・教育者のヴァランタン・アユイによって、最初の視覚障碍者向けの教育施設がパリで創立されたのは、一七八四年のことであった。当時、演奏旅行でパリを訪れていたウィーンの名ピアニストのマリア・テレジア・パラディースもアユイに会い、施設の建設計画に関わったといわれている。

ウィーンにおいて、一時はピアリステン派に所属した教育者のフランツ・ガハイスは『子供のための盲学校に関する略案』を一八〇二年に刊行し、十九世紀初頭には、ウィーンでも視覚障碍者教育の必要性を指摘する声が高まっていった。また一八〇四年以降、ヨーゼフシュタットの貧民福祉政策を担当していたヨハン・クラインは(アユイの試みには関知していなかったものの)、一人の視覚障碍者の少年の指導を試み、目覚ましい成功を収めた。その経験に基づくクラインの『盲目の子供達を役に立つ市民に育てあげた成功例の説明』という著作は、皇帝フランツ二世を動かし、視覚障碍者八人を教育するための政府予算の成立を促し、ここにウィーンの盲学校が正式にスタートすることになった。そのカリキュラムには、音楽教育が大きな比重を占めていた。

この事業の社会への反響は多大であった。一八一〇年に創立された「貴族婦人の善と益を推進する協会」は、孤児院への金銭的支援に加え、盲学校にも毎年楽器や衣類などを寄贈し、四人分の生徒の生活費と学費に相当する寄付を行っている。小規模に始まったクラインの盲学校は、一八一六年にはグンペンドルフに移転し、「帝国王室盲学校」となる。そこでは児童・生徒は音楽以外にも宗教、算数、地理、歴史、外国語などを学習し、やがてヨーロッパの模範的な盲学校とまで称されるに至った。しかし、一八一五年の時点で、盲学校の授業料は年間一五〇グルデンもしたため、入学できたのは数十人の富裕層の児童・生徒に限られた。

盲学校の生徒たちは時に公開の慈善演奏会を開いた。ペルトは一八一三年のコンサートについて、満員御礼が出るほどの盛況であったので、三日後に再演されたことを記している。同年のもう一つの音楽会にも、ブルクにあった舞踏会場(小レドゥーテンザール)で盲学校の一人の男子生徒が素晴らしいフルート演奏を披露したという。一八一五年六月の大演奏会は、ジーモン・ゼヒター作曲のカンタータを含むプログラムで、『平和新聞』が大々的に報じるほどの盛況であった。この演奏会でも先に触れたフルート奏者が変奏曲を吹き、同じ盲学校の生徒が『ドン・ジョヴァンニ』の序曲をピアノ連弾の形で奏で、クレメンティのピアノ・ソナタを弾き、演奏会は盲学校の生徒たちで編成されたオーケストラによる短い交響曲で締めくくられた。

6 ウィーンにおける教則本と楽譜出版

教則本出版

音楽の独学には教則本が大きな助けとなった。十八世紀後半ウィーンでは、市民の音楽教育需要の増大に応じて、さまざまな出版社による多数の教則本の刊行・販売が相次いだ。自立した学習を称える啓蒙主義に感化されたこれらの著書のほとんどは、初歩的な音楽美学、和声、声部連結、リズムなどの解説本であり、口頭伝承を補う独習案内であった。中には、音響学や音の相互関係(音律)を非常に細かく説明する教則本もあった。新しい作品の分析を主題とするものはまれであったが、それを試みた三冊がウィーンでも活躍したアッペー・フォーグラーの手によって一七七八年から一七八〇年にかけて刊行されている。

図4-4　フックス著『グラドゥス・アド・パルナッスム』のドイツ語版（1742年刊）の表紙.

青年期のサリエーリやディッタースなどが使用し、ハイドンも読破したフックス著『グラドゥス・アド・パルナッスム』（「パルナッソス山への階梯」、図4-4）は、他にも多くの音楽家が座右の書としていたことで知られる。この著作によってフックスは、一六世紀の対位法を合理的に整理し、分かりやすく解説した。一七二五年にその初版（ラテン語版）を刊行したウィーンの出版大手ゲーレン社は、一七三九年にはマッテゾンの著作『完全なる楽長』を出版しているが、前述したようにハイドンはこの教則本も熟読したといわれている。さらに、その半世紀後の一七九〇年には、ベートーヴェン、ウムラウフ、カール・チェルニー、アイブラー、フンメルなどを指導した名音楽教師のヨハン・ゲオルク・アルブレヒツベルガーもルネサンスとバロック時代の声楽・器楽のポリフォニーの書法を紹介する著作を発表し、これも音楽家に広く読まれた。

器楽と声楽の実技に関する数多くの教則本も、十八世紀後半、踵《かかと》を接するように次々とウィーンで販売されるようになった。正しい発声法などを説く声楽に関する著書は主にイタリア人が執筆し、これらも一七七〇年代よりウィーンで印刷された。器楽演奏を解説する著作の中には、ドイツで出版されたフリードリヒ・ヴィルヘルム・マールプルクの『クラヴィア奏法』（一七五〇年）、ヨハン・ヨアヒム・クヴァンツの『フルート奏法試論』（一七五二年）、レオポルト・モーツァルトの『ヴァイオリン奏法』（一七五六年、一七六九年と一七八七年に再版）、エマヌエル・バッハの『正しいクラヴィア奏法への試論』（一七五九年）などがウィーンの書店の店頭に並び、音楽家志望の若者の必読書とされた。ベートーヴェンも弟子のチェルニーにエマヌエル・バッハの教則本の購入を勧めている。

楽譜出版

学習に際しては市販された楽譜の使用は欠かせない。分業が未発達であった時代には楽譜の印刷、出版、販売は同一人物によって行われることが多く、作曲家が出版元を兼ねることもあった。しかし、十八世紀後半のウィーンにおいては娯楽産業の発展により、各分野に特化した業者が現れ、それらの事業規模も次第に拡大し、大量生産への道が開かれていった。

十八世紀前半まで、ロンドン、パリ、ライプツィヒと較べて、ウィーンでの楽譜出版は目立って後塵を拝していた。そのため一七七〇年代までは、楽譜入手を希望する場合、輸入版と写譜に頼らざるをえなかったが、楽譜需要が増すにつれ、営利目的から写譜を請け負う業者も出現した。バーニーは、ウィーンには「楽譜店がないので、手に入れるために最もよい方法は写譜屋に依頼することである」と述べている。実のところこの時期ウィーンの書店でもちらほらと楽譜は販売されるようになりつつあったが、楽譜専門店はいまだに創業をみていなかったのである。

限られた部数を作成する場合には、写譜業者にもそれなりの利便性があり、十九世紀までは彼らは銅板を使用する新興の出版社ともある程度対抗し競争することができた。そのような写譜業者の一人ジーモン・ハシュケという人物は、早くも一七六〇年代の『ウィーン新聞』紙上に、ハイドン、ヴァンハル、グルック、ヴァーゲンザイル、ルイージ・ボッケリーニ、ガスマンなどの器楽曲と声楽曲の写譜の請負を広告している。一七八〇年代には、旧市街にあったトレーグ社、ラウシュ社、スコワティ社なども写譜業大手となり、それぞれ下請け数十人を抱えていたようである。トレーグ社は、一七九四年以降、楽譜の印刷・出版も手掛けるようになったらしく、その一七九九年の商品総目録には、写譜、印刷譜、輸入版など、ジャンル別に整理されたピアノ曲、ピアノ伴奏の歌曲、弦楽四重奏曲など、約一万四〇〇〇曲が列挙されている。

一七七〇年代、スイス生まれの美術商クリストフ・トリチェルラはウィーンにおいて楽譜の出版を開始した。全盛期にはハイドンの交響曲やモーツァルトの鍵盤曲などを刊行したが、一七八六年にはライバルのアルタリア社に事業を譲り、廃業した。アルタリア社の創業も一七七〇年であり、当初はトリチェルラと同様、主に美術と地図の銅板印刷に力を注いでいたが、一七七八年からはピューター版とブリキ版の楽譜を刊行するようになった。当初、別の業種と規定されていた出版と印刷は、一七八六年の法律改正により、一社が兼ねることができるようになり、その結果アルタリア社は一七九三年前後に自社が刊行した楽譜を自らの手で印刷し、他社による海賊版の発行や未出版作品の漏洩を減らすことに成功した。同社は、一七八九年以降には本社を大ミヒャエラハウスの隣に置き(図1-4)、プライエル、ハイドン、モーツァルト、ヴァンハル、サリエーリ、ボッケリーニ、初期のベートーヴェン、フンメルなどの作品を相次いで世に出し、ウィーンの楽譜出版界に君臨するようになった。

7　音楽院設立への道

一八一二年十月末、「貴族婦人の善と益を推進する協会」は、負傷兵と戦災で家と財産を失ったバーデンの住民を支援するため、ヘンデルのオラトリオ『アレクサンダーの饗宴』(ドイツ語名『ティモテウス、又は音楽の力』)の演奏会を企画した。ペルトが記録したところによると、この呼びかけに対し、瞬く間に四〇〇人の素人音楽家が参加を希望したという。翌月六日になると、演奏者数と予測される聴衆の人数はさらに多くが見込まれ、会場は大レドゥーテンザールよりさらに広大な乗馬学校に変更された。この時点では、すでに五〇〇人の素人音楽家が参加を申し込んでいた。九日にその数は五三〇人にまで膨らみ、十二月二日の演奏会には、最終的に六四〇人(うち二八六人の合唱団)が九〇〇〇人の聴衆を前にヘンデルの名作を披露した。翌日にも五〇〇〇人の聴衆のために再演され、主催者は両日合わせて二万グルデン弱の収益を得た。ペルトは「ロンドンでは八〇〇人が同じ作品を演奏しており、劇場に近い地方から職業音楽家が招集されたのに対して、ウィーンでは劇場音楽家と(参加しなかった)多数の素人音楽家を抜きにして、六四〇人が集まった」とウィーンの素人音楽家数の多さに驚嘆をあらわにしている。翌年の十一月にも、ヘンデルの同じ曲が再演されたが、その際も七〇〇人の演奏者が参加希望を申し込み、収容人数には限界があったため、応募者すべての参加が認められた後になって、申し込んだ八十人は参加が断られた。

このように大規模演奏会に集まる多数の素人音楽家は、ウィーンの音楽文化を下から支える存在であった。しかしながら当時、この都市における音楽教育は、家庭、ホーフカペレ、教会、私塾、劇場附属施設など様々な機関で、個々ばらばらに行われているというのが現実であった。それらを通して、多くの素人音楽家や広範な音楽愛好者が生み出されてきた一方で、そのような統一性を欠く教育は、職業音楽家の養成には不充分であった。音楽院の設立について、ウィーンは他のヨーロッパの諸都市に大きく先んじられていたのである。たとえばパリの場合、一七八四年には王立歌唱学校が、一七九二年には主に軍楽音楽家を養成する「国家警備隊の自由学校」(翌年から「国立音楽院」と改名)も開校した。一七九五年にはこれらが合併し、パリの音楽院(コンセルヴァトワール)が設立された。その他にも、ミラノでは一八〇七年、プラハでは一八〇八年にそれぞれ音楽院が創設された。

こうした実情に鑑みて、ウィーンで前述のような大規模演奏会の実現に尽力したイグナツ・モーゼルは、政府高官であり、作曲家、指揮者でもあり、評論家でもあるという自らの盛名を背景として、一八〇八年より一八一一年にかけて『祖国新聞』に、ウィーンにも音楽院が必要なことを繰り返し力説した。彼が一八一五年に発表した構想によれば、音楽院は、十歳以上の生徒一〇〇名ほどの規模とされ、月十グルデンの授業料で外国人生徒の入学も想定していた。大演奏会を契機に、『フィデリオ』などの台本を書いた政府高官のヨーゼフ・ゾンライトナーも、ウィーンの楽友協会の結成を呼びかけ、自らがこの協会の初代の事務総長となって、一八一四年には音楽院の創立に本格的に取り組み始めた。ゾンライトナーが起草した一八一四年の同協会内規は、この協会の目的として音楽院の設立以外に、音楽演奏と聴衆の趣味の向上を図る演奏会の開催、機関紙の発行、音楽関係史料館の設立などを挙げていた。

こうした運動の結果、早くも一八一五年には、ウィーンに合唱養成所が開設をみた。ごく短命で終わったこの養成所に続き、一八一七年には声楽学校が開設される。若い男女十二名ずつが声楽の勉強に励んだこの学校では、当初、授業教材として、音楽監督に任命されたサリエーリの編集による、イタリア語の詩と分かりやすい音楽を駆使するユニークな『歌唱教本』が採用されていた。しかし、それはやがてシュテファン聖堂の楽長のヨーゼフ・プラインドルの『歌唱学』(一八一一年出版)に変更されている。こうして始められた声楽科に加え、音楽院には、一八一九年にヴァイオリン科が創設されている。その教師として、ハンガリー生まれのヨーゼフ・ベームが抜擢された。当時二十四歳のベームは室内楽演奏と教育に尽力し、ヨーゼフ・ヨアヒムをはじめ、大勢の名立たる演奏家を育てた。引き続き、ウィーンがそれまで悩まされていた管楽器奏者の慢性的な人材不足の解消を図るために、管楽器科も樹立される。こうしてようやくウィーンにも、専門的な音楽教育の欠かせない拠点として音楽院が確立することとなったのである。

8　職人芸から芸術へ

一七八七年、ドイツ人のアマンド・スミスは、ウィーンのほとんどの職業音楽家たちは適切な音楽教育を受けておらず、依然として職人のようなトレーニングしか受けていないために、「単なる機械」に堕してしまっていると酷評している。そのような職人的な音楽家が、自らの弟子を育てる場合、後者もまた単なる機械となりがちであろう。スミスは、こうした悪循環を避けるために、音楽を学ぶ者はかならず哲学など、音楽に関連する他の分野も同時に勉強しなければならないと考えた。

全体的にはスミスの批判は妥当であろうが、この時代の啓蒙期にふさわしい新感覚の兆しを見てとることができる。一七九二年に、スペインの画家ゴヤが、「絵画にはルールがない」と発言したことを想起するまでもなく、芸術家が過去の常識やルールに囚われることなく創造性を追求すべきであるとする思想が各地で芽吹きつつあったのである。

ウィーンの音楽界も例外ではなかった。過去のルールを何も考えずに受け継ぐのではなく、作曲家自身が過去の常識の是非を自主的に決めるべきであるという主張は、ここでもさらに力を増していた。作曲家にとって、自らの作品の価値は、その創作を命じた貴族や教会などの要求にどこまで忠実に沿っているかによって、あるいはダンスや食事などの外的目的のバックグラウンドとしての適性によって決まるものではない。当時、時代の最先端に立とうとする作曲家は、自作の価値が作品の内的論理、統一性、表現力、固有性などに由来することに、確信を強めていった。むろん、これはウィーンのみに限られた独特な美学であったわけではない。たとえばイタリアでは、ソナタ形式を初めて学術的に記述した作曲家のフランチェスコ・ガレアッツィが一七九六年に述べている。良質の作品の条件として挙げるべきは、「優雅なモチーフと快適な流れ」ではなく、「曲全体の厳密な動機付け」である、と。またドイツでは先述のスミスが、作曲行為は過去の模倣ではなく、創造力が勝負どころであり、音楽の勉強は「製作所や工場における労働」とは基本的に異なる、と力説している。強い職人意識に縛られていたモーツァルトでさえ、作曲家は作品が「委嘱の契約の匂い」を放たないように努力すべきであると強調するスミスの著書を所蔵していたことは、おそらく偶然ではなかろう。

このような新しい評価基準を提唱する音楽教育の普及により、ウィーンの住民の一部は芸術性のより深い音楽を求めるようになっていった。しかし、音楽教育の大半は家庭、教会、市場などに委ねられたため、その恩恵や成果も主に上流社会にしか行き渡らず、大多数のウィーン人は、相変わらず職人芸に基づく単純なジングシュピールの歌を最も愛し、紋切り型のワルツ、千篇一律の軍楽やヘッツ劇場の「トルコ音楽」などをこよなく好んでいた。

それでも、音楽教育に恵まれず、ポピュラー音楽しか理解できなかった人びとでさえ、自分が「難曲」の創作で世界的な名声を得たベートーヴェンと同じまちに住んでいることを誇りに思うようになっていった。彼らもまた、間接的とはいえ、ウィーンでようやく緒に就いた未熟な音楽教育の影響に、否応なく晒され、この都市の音楽文化の成長に受動的に関与したのであった。彼らのこうした姿勢も、また「音楽の都」の成立条件の一つとなったことに疑いはない。

第5章
音楽演奏の普及

ウィーンに移住して半年後、モーツァルトはピアニストの姉にもこの都市に引っ越すよう促した。彼女宛の書簡に、彼は「信じてくれ、君はここで充分稼げるだろう。たとえばプライベートの演奏会で、そしてレッスンでも」と書いている。市中で音楽会を催せば、高い報酬が得られるだろうという楽観を、モーツァルトは疑わなかった。実際、一七九四年の『ウィーン演劇年鑑』には、ウィーンほど情熱的に音楽が演奏されている大都市は、イタリアを含めてどこにもないと記されている。「人口に比して、これほど多くの演奏会が行われる場所は他にはない。一日中、公開の音楽会が行われていない時はない。夏の間は、天気の良い日にはほぼ毎日、道々でセレナーデに出会う。これらは昼夜を問わず繰り広げられており、時には午前一時、あるいはそれ以降にすら催されている」のであった。

十八世紀末のウィーンにおける音楽会の形態は実に多様であった。知り合い同士が一堂に会し、演奏を愉しむことも一種の演奏会であり、家族と招待客が食後と午後のコーヒータイムに音楽を奏でる場合もそうである。誕生祝いなどといっては、人びとはホーム・コンサートを催し、旅行中の職業音楽家を有償で招くことも普通に行われていた。こうした種々の祝賀の席にも音楽演奏は付き物で、上層・中層社会の屋敷では定期的にサロン・コンサートが開かれ、とくに人口密度の高い旧市街では、上層知識人、教師、公務員、作家、画家などが参集するのがつねであった。一七八五年までは、フリーメイソンのロッジでも音楽演奏が行われていた。

一方、広場や路上でも、旅芸人、軍楽吹奏楽団、宗教行列が様々な音楽を奏し、プロとアマチュアの音楽家たちが、夕方になると玄関先や家の前にセレナーデを披露するといったインフォーマルな演奏会で興を添えた。

以下本章では、十八世紀後半以降のウィーンにおけるこのような多彩な音楽演奏の実態を種類ごとに見ていくこととしよう。

1　音楽演奏の前提条件――楽器製作

まず、あらゆる演奏活動の前提となった当時の楽器の製作と販売の実情について少し述べておこう。ウィーンの楽器製作の起源は、十四世紀にまで遡るが、一六九六年になると擦弦楽器と撥弦楽器の製作者たちは自らのツンフトを創立している。十八世紀後半には、各種の楽器メーカーが製作と販売にしのぎを削るようになった。

モーツァルトが「ピアノ大国」と評した一七八〇年代のウィーンにおいて、フォルテピアノ製作もいよいよ精力的に行われるようになった。世紀の終わりには、ウィーン製のピアノは、ヨーロッパ各地はいうに及ばず、オスマン帝国にまで輸出されたと、シェーンフェルトは記している。中でも一七八〇年代にアントン・ワルターが製作した楽器はモーツァルトが好み、一八〇一年前後にはベートーヴェンもその一台を所有していた。また、ボヘミア生まれのヨハン・シャンツとその兄のヴェンツェルが作った楽器はハイドンが好んだが、弾きやすいかわりに音が小さかったという。

これらに続き、いわゆる「ウィーン式アクション」のピアノを完成させたドイツ人ヨハン・アンドレアス・シュタインの娘ナネッテは、シュトゥットガルト出身の音楽家でピアノ製作者のヨハン・シュトライヒャーと結婚し、二人は一七九四年にウィーンに転居して、郊外で工房を営んだ。夫妻はウィーンの名立たる音楽サロンを主催し、定期的に演奏会を開き、ナネッテは、シュトライヒャー製のピアノを好んだベートーヴェンの親友でもあった。夫婦の製作所は長男が継承し、その後も世界的な評判を誇る楽器を作り続けた。

一七九一年から一八一五年の間、ウィーンで鍵盤楽器製作者と名乗る職人は、確認できるだけでも一四〇人以上おり、帝都におけるピアノ製作は百花繚乱の時代に入っていた。主な工房・販売元のみを挙げた一七九九年のガイドブックには、二十五社の名前が数えられ、それは一八〇三年には三十社、一八〇八年には三十六社にまで増加したのである。彼らは新楽器の発明と楽器改良にも力を入れた。

2 市民の家庭における音楽演奏

良質な楽譜、楽器、音楽教育が中産階級にまで普及するとともに、一般市民の家庭においても音楽演奏の機会がいちじるしく増し、その水準も飛躍的に高くなった。こうした変化の出発点は、まずなによりも自分の演奏を自らが面白がることにあり、この点は十八世紀後半のウィーンの作曲家たちの熟知するところであった。たとえばハイドンが一七九〇年代以前に作曲したピアノ・ソナタのほとんどは、主に奏者が自らを愉しませることができるように書かれたものと思われる。アルベルト・クリストフ・ディースが一八一〇年に刊行した伝記によれば、若きハイドン自身も、大ミヒャエラハウスで孤独に耐えつつ細々と暮らしていた時期には、「虫食いのクラヴィコードかヴァイオリン」で自分を慰めたという。

図5-1　ハイドンのピアノ三重奏曲 Hob. XV: 10の表紙に描かれた家庭演奏の場面(1798年にアルタリア社により再版).

少数の友人とアンサンブルを組み、居合わせた知り合いのために音楽演奏を披露することも、一般家庭における日常的な娯楽のひとつとなった。この場合、練習と演奏との間の境界線はごく曖昧であったろう。たどたどしい初見演奏、教師と家族が見守るレッスンや学習途上の曲のおさらい、水入らずの団欒《だんらん》のひとコマとしてのインフォーマルなリサイタル、親友と親族以外にも門戸を少し開いたホーム・コンサートなど、これら全てが音楽会の数に入っていた。カロリーネ・ピヒラーは一八〇五年前後に頻繁に見られたこうした情景を回想している。「夜の時間はよく音楽で埋められた。当時、素人の腕はまだ現在（

八四〇年代）ほどの水準は期待されていなかった。たとえブラヴーラのアリアを歌唱し、劇場でピアノを演奏できるに足るほどの技量はなくとも、友人たちに演奏を聴かせると、拍手で応えてくれたものである」と。しかし、このような素人のコンサートが、つねに客を満足させていたかどうかは疑わしい。一七九三年の『アイペルダウアーの手紙』は、次のように当時の習俗を風刺している。「もし家に若い娘がいれば、男女の客の目を覚ますために、彼女は必ずピアノで何かを叩き出しながら歌わなければならない。そしてかりに彼女が犬のように吠え出したとしても、ピアノの周りに立つ者はブラヴォーと叫ばなければならない。その後、皆はトランプに興ずることで、ようやく元気を取り戻すのだ」と。

3 私的なダンスパーティー

家庭において音楽演奏会を開くのと同様、ダンスの集いを催すことも非常に盛んであった。モーツァルトも舞踊好きで知られ、歌手のマイケル・ケリーによれば、コンスタンツェ夫人は彼が音楽よりよほど踊りが好きなようだと漏らしたほどであった。父宛の一七八三年一月付けの手紙で、モーツァルトは自らの好みが、大規模なものではなく、むしろ家庭で行われるこぢんまりとした私的な舞踏会にあると述べている。その年には、モーツァルトが住むアパートの隣接する二つの空き部屋を利用して、午後六時から翌朝七時までダンスパーティーを催し、出席者全員が引っ切り無しに踊り明かしたことも伝わっている。ウィーン随一と評判の作曲家が開いただけに、招待客は最上の伴奏音楽を期待したに違いない。この機会に、モーツァルトはプライベートなパーティーでありながら、一人につき二グルデンもの入場料を徴収している。そこからもこれが富裕層向けの催しであったことが推測できる。

ベートーヴェンもまたウィーンに着いてからすぐにダンス・レッスンに通ったといわれている。カロリーネ・ピヒラーが書きとどめているように、この時代にあって私的な舞踏会の多くは、高い水準の教育を受けた上流社会の淑女・紳士を訪問客の中心とし、そこで「教育ある若者が、繊細でよく訓練された舞踊技術を披露する」チャンスにほかならなかった。新来のベートーヴェンが期待したのもこのような階層の人びととの交流を通して、広くより良質な人脈を培うことであったろう。

4 ウィーンの音楽サロン

貴族(とくに下位貴族)の邸宅と裕福な一般市民の住まいで催されたサロンは、十八世紀後半のウィーンの音楽文化全体を支える重要な柱であった。入会するには通常、友人などの紹介が条件であったが、参加が一度認められれば、恒久的に顔を出すことが可能であった。サロンに臨席することは、もちろん一時の愉悦と満足を与えてくれる以上に、有用な人脈を築く手段でもあったため、社会進出を目論む者にとり得難い機会として重宝された。

ペッツルが述べているように、ウィーン市民のサロンには中位・下位の貴族をはじめ、公務員、聖職者、学識者、将校、芸術家、商人などが寄り集った。これら多様な諸身分の違いを調和し、円満な雰囲気を整えたのは、多くの場合主催者の妻であり、「彼女たちの立ち居振る舞いは魅力的で、教訓的で、上品」であったという。音楽演奏以外にも、詩や演劇脚本の朗読、美術品の品定め、評判の文学をめぐる議論、社交ダンスなども人気の高い余興であった。

下位貴族の音楽サロン

一七九〇年代のサロンのシーズンは十一月から四旬節の終わりまで続いた。夏になると諸侯は好んで地方の別荘に避暑に行ったり、ウィーンに残った人びとも日が落ちると夕涼みの散歩を優先したりするので、サロンは下火となる。サロンでの音楽会の開演は、たいてい夜七時(夏季は八時)で、十時前後には終了した。家により二週に一回、多くとも週二、三回のペースで開催され、毎晩行うケースはまれであった。

高位貴族の宮殿で開かれた豪華な音楽会もサロンの一種と見ることができるが、ウィーンの代表的な音楽サロンといえば、やはり下位貴族の主催する中小規模のものであった。カロリーネ・ピヒラーは、自らの経験に基づきサロンでの音楽会の例を詳しく記録している。彼女の生まれたグライナー家では、オペラ上演や音楽演奏を含むサロンがしきりと開かれ、七、八歳の頃(一七七七年前後)には「大音楽会」も催されたという。「父は私にピアノ教師のシュテファンが作曲してくれた小協奏曲を、フル・オーケストラの伴奏で弾かせた」と彼女は記憶していた。シュテファンとは、皇室の教師を務めた作曲家ヨーゼフ・アントン・シュテファンのことであり、「フル・オーケストラ」とはおそらく、管楽器などを含む小編成楽団であったろう。こうした機会を彼女は年老いた後も「私はこの家の娘であっただけに、当然に盛大な拍手が送られた。誉めそやされ、称賛された。舞い上がった私は今に自分が偉大な芸術家になるに違いないと思い込んだものだ」と満足げに回顧している。

他にもグライナー家では、立派なバスを歌ったという彼女の父親の聖名祝日や自然科学に傾倒したという母親の聖名祝日にも、フル・オーケストラが動員されたコンサートが毎年のように催行された。くわえて、降臨節(十二月)と四旬節の間には毎週火曜日に、四重奏曲の演奏会もあった。ハイドン、モーツァルト、ドメニコ・チマローザ、サリエーリなどが皆グライナー家のサロンに出入りしていた。このサロンの運営は、一七九八年を境に、まだ二十代後半であったカロリーネが引き継いでいる。

一方、一七八〇年代には、カロリーネとその両親と兄弟もオランダ生まれのニコラウス・フォン・ジャカン男爵のサロンの常連であった。植物園長を務めていたジャカンのサロンで行われた余興や議論は、啓蒙主義の最先端として人気を集めた。このサロンの中核を占めていたのはジャカン男爵の次男ゴットフリートであった。カロリーネによれば、参集した客はゴットフリートと妹のフランツィスカの周りに集まり、「ゴットフリートは心地よい歌声と音楽の秀でた才能とを兼ね備え、フランツィスカはピアノを見事に弾いた。とても美しく歌った彼女は、モーツァルトの優秀な弟子の一人でもあり、そのクラリネット三重奏曲はフランツィスカのために書かれた」。モーツァルトの三重奏曲とは、クラリネット、ヴィオラ、ピアノのための、いわゆる「ケーゲルシュタット・トリオ」(K. 498)に他ならず、一七八六年八月ジャカン家においてフランツィスカのピアノで初演された。ジャカン一家は冬季には水曜日の夜をあげて社交に捧げたと、カロリーネは思いかえしている。「父親の部屋では、学術的な会話が交わされ、一方私たち若者は、しゃべったり、ふざけたり、音楽を奏し、小さなゲームをし、どこまでも愉しい時を過ごしたものです。なんて不安のない、幸せな若い頃の素晴らしいひと時であったことでしょう」。

ウィーンで誰知らぬ者のないもう一つのサロンの主催者は、フランツ・フォン・ケースであった。宮廷の枢密顧問官の職に就き、一七六四年には騎士の地位を授与された有力者の彼は、各界に知己も多く、自宅でのコンサートでは自ら指揮し、大量の楽譜を所蔵しており、一七九一年以降にはアウガルテンで催された定期演奏会も差配するようになった。ギロヴェッツは自伝の中で、ケースについて回想している。「(彼は)ウィーンの一流の素人(音楽家たち)と楽友であり、週二回、自宅で公開の演奏会を開いていた。そこにはウィーン在住の最高のヴィルトゥオーソたちと作曲家——たとえばヨーゼフ・ハイドン、モーツァルト、ディッタースドルフ、ホフマイスター、アルブレヒツベルガー、ジャルノヴィーチなど——が集ってきたものである」。ハイドンの交響曲が演奏され、モーツァルトはピアノを弾き、ヴァイオリニストとして盛名を誇ったジョヴァンニ・ジャルノヴィーチは自作の協奏曲を披露し、ケース夫人が自慢の美声を聴かせた。ギロヴェッツは、一つの印象的なエピソードをふり返っている。それによると、ある夜ケース夫人のために歌を作曲すると約束していたモーツァルトがなかなか姿を見せなかったことがあった。捜索に遣わされた召使によってレストランで見つかったモーツァルトは、客がすでに集まっていたケース宅に急いだが、歌の作曲にはまだ着手していなかった。彼は、到着するや五線紙を求め、客間でたちどころに作品を完成させた。そして緊張のあまり声をひどく震わせたケース夫人がそれを歌い、モーツァルトが伴奏する光景を目にして、長時間待たされすっぽかされたと怒り出す寸前であった聴衆は大層喜んだという。

十九世紀初頭、金融業で莫大な財を成したユダヤ人のアルンシュタイン男爵の妻ファニーが主催し、ウィーン会議の折にも華やかな国際的社交場となったサロンについても触れておかなければなるまい。慈善家としても多くの功績を挙げたファニーは、ベルリンの裕福な銀行家の家庭に生まれ、子供の頃から音楽の才能を発揮し、ウィーンの楽友協会の創立者の一人でもあった。一八〇八年にアルンシュタイン家のサロンを見たヨハン・フリードリヒ・ライヒャルトは、それが三〇〇人から四〇〇人の参加者で溢れかえっていたと記し、なんとしても「人数が多すぎる」と不平を漏らしているが、これは少し誇張した数字であったろう。一八一四年二月の警察の報告によれば、「他の火曜日と同様」演奏会と舞踏会が催されたアルンシュタイン邸に、貴族を含む約一五〇人が参集した、とある。一八一八年、このサロンはファニーの娘に引き継がれ、ベートーヴェン、リスト、メンデルスゾーンなどがしばしば姿を見せた。

ウィーン市民の音楽サロン

貴族に倣い、自宅において音楽サロンを開く慣習は、当時のウィーンでは市民の富裕層の間でも定着していた。家族の誕生日など何らかの記念日に催される音楽会は、宮廷や貴族たちと共通であったが、そうした特別の機会に限られない定期的なコンサートを催す市民も少なくなかった。その一例として、ペルトは、一八一二年十二月二十日付けの日記に同僚のヨーゼフ・マイヤー宅で催され、自らも参加したコンサートの詳細を記録している。そこでは、ペルトの学校時代の同輩であった、ある公務員の指揮により、二十四名から三十名で構成されたオーケストラが、ハイドンとモーツァルトの交響曲をそれぞれ一曲ずつ、さらにガスパーレ・スポンティーニとフランソワ＝アドリアン・ボワエルデューのオペラ序曲を演奏した。演奏の終了後、夜十一時半まで舞曲演奏の伴う舞踏会が催された。

この日、あいにく体調不良であったペルトは早退し、夜八時に帰宅したという。

マイヤー宅では翌年三月にも、「この冬最後の音楽的余興」が催され、その時はメユールのオペラ序曲、モーツァルトの交響曲数曲、最後に一つの「綺麗な七重奏曲」が演奏された。前回と同じく一十四名の若い音楽家たちが演奏し、マイヤー自身もこの七重奏曲でホルンを吹いている。

　職業音楽家の中にも、自らこうしたサロンを開く者もいた。たとえば早くも一七六〇年代に、マリアンナ・マルティネスは大ミヒャエラハウスでサロンを主催している。彼女は一七八二年以降にも、三歳年下の妹とともに旧市街のサイラーシュテッテにあった自宅で毎土曜日の夜にサロンを開催し、多くの聴衆を集めたようである。そこには、ハイドン、歌手のマイケル・ケリー、モーツァルトなども参加し、モーツァルトがマルティネスと一緒に自作の連弾ピアノ・ソナタを演奏したことも記録されている。このサロンでは、他にも声楽曲やピアノ曲も好まれ、時には管楽器アンサンブルが招聘《しょうへい》され、深夜まで演奏が繰り広げられた。

　ウィーンで異色を放った音楽サロンとしては、一七五九年廷臣の娘として生まれたマリア・テレジア・パラディースが開いたものに触れないわけにはいかない。ウィーンに生まれ、幼年に失明したにもかかわらず、抜群の音楽的才能と記憶力の持ち主として広く知られた彼女に対して、帝室は一七七〇年より年間二〇〇グルデンの年金を断続的に支給している。彼女は、ピアノをボヘミア出身の名鍵盤奏者レオポルト・コツェルフに、歌と作曲をサリエーリとヴィンチェンツォ・リギーニに師事し、やがてヨーロッパ中を演奏して巡り、故郷に錦を飾っている。彼女がいかに優れた演奏者であったかは、シェーンフェルトによる一七九六年の以下の述懐からも窺えよう。

彼女のタッチは達人のものという以外なく、習熟途上のものでは決してない。見せびらかしは皆無であり、速さだけを誇示する技でもなく、彼女が自らの演奏に課しているのは、魂と心を豊かにする糧であれかしということである。人は彼女の芸術性のうち、とりわけ次の資質を称賛する。すなわち感性、センス、ニュアンス、明快さ、そして正確さである。彼女の真骨頂は、いわば「真珠の連なりのような演奏」である。スケールの音はすべて等分の力で弾かれ、まろやかでしかも明瞭さを備え、絶妙のタイミングで相互に関連している。テンポ・ルバートは、目的に合わせて控えめに使われる。アダージョの楽章では、彼女の音はまるで歌声のように浮遊する。

一七八九年以降、パラディースはいったん活動の主軸を演奏から作曲に移し、五曲のオペラと三曲のカンタータなどを作り、またシンプルな歌曲(譜例5-1)も手掛けている。ちなみに、現在は演奏の頻度がきわめて高く、彼女の作とされる「シシリエンヌ」は、実は偽作であろうと思われる。しかし、一七九七年、自作のオペラ『リナルドとアルチーナ』の上演が不成功に終わった後、パラディースは再度音楽活動の方向を転換し、今度は音楽教育に力を注ぐようになっていった。一八〇八年には私塾を創立し、ウィーンの若い女性たちにピアノ、声楽、音楽理論を指導した。

一八〇九年から一八二四年まで毎年冬から春にかけての日曜日、パラディースは門人の「おさらい

譜例 5-1　マリア・テレジア・パラディース作曲の歌曲「私がまだ小さかった頃」(1785 年刊)．右手のパートはト音記号より 3 度高く記譜されている．

会」を兼ねた音楽サロンを主催した。そこには、高名な演奏者も飛び入り参加することがあった。一八一一年には、ペルトが二回訪れており、彼は日記にそれぞれの日の演目を記している。それによると三月のサロンでは、ある弦楽四重奏曲に始まり、ヴァンハルの変奏曲、サリエーリのアリア、ベートーヴェンの三重唱が続き、声楽と器楽が交互に演じられた。三週間後にも、その年七回目で最終回となるサロンが開催された。有名なフランス人フルート奏者のエティエンヌ・ゲバウアーが、ハンガリーの作曲家のヨハン・フッスのフルート四重奏曲を奏し、それに続きパラディースの弟子たちがプライエルの変奏曲、クレメンティのピアノ・ソナタ、いくつかの声楽曲と重唱などを披露した。そしてプログラムの締めくくりとして、『ドン・ジョヴァンニ』の四重唱と、プロイセン出身の作曲家のフリードリヒ・ヒンメルが作曲した「二重ソナタ」(一八〇六年にウィーンで出版された二台のピアノのための「大ソナタ」ハ長調か）が演奏されたという。

サロンにおける平等主義

ウィーンのサロンの人気の秘密の一つは、そこで音楽に親しむ人びとの間に平等が徹底されていたことにあった。演奏者と招待客の分け隔てのない接触と会話は、自由な社交を可能とするための必須の条件であった。日常生活が依然として封建的な桎梏《しっこく》から解放されていない時代に、サロンでは音楽などを通してという限定はあったものの、啓蒙思想が唱道する平等主義が実践されていたのである。そこにこそ、ウィーンの最も進歩的な側面が現れていたということができよう。

時代は少し下るが、カール・マリア・フォン・ヴェーバーの息子マックスが一八二〇年代のイギリスにおけるサロン事情を報告した以下の記述がある。そこからも、ウィーンをはじめとするドイツ語圏のサロンとロンドンのそれとの著しい違いが見て取れよう。

当時のロンドンでは、ベルリン、ウィーン、ミュンヘン、ドレスデンなどのように、侯爵夫人らが社交の場で歌い、君主が偉大な芸術家たちと腕を組んで歩き、ほぼすべての社会階層の家庭で音楽が育まれるようなことはまったく見られなかった。ロンドンでは、音楽は一般教養のひとつとはいえず、贅沢品であり、流行に左右される現象でしかなかった。素人がそれぞれ自ら愉しむための無邪気な音楽演奏は、ほとんどどこにも行われていなかったし、下層や中層の家から、音楽が漏れ出るようなこともまずなかった。音楽は富裕層や貴族が金にあかせて買い入れるものであり、彼らは一流の芸術家を自身の影響力の輪の中に取り込み、高額報酬の演奏をあたかも豪華な食事と同様に限られた招待客相手に供するのであった。

しかも、ここに招かれた芸術家が、自身の才能によって、この社交の輪の中で真に平等な一員として遇されることはなかった。たとえ神が授けた天賦の才が証されたとしても、それだけでは、近頃爵位を授与されたにわか男爵とすら、同じ寄せ木細工の床を踏むに値しなかったのである。芸術家の仕事は、他の商品と同様、金銭で購《あがな》うものであって、芸術家の知識、技術、熱意に対して、特別の尊敬や感謝を表する必要はなかった。彼らは仕事をして報酬を受け取り、仕事が終われば帰るだけの立場にあり、彼らが家の客として数えられることはなかった。傲慢な召使たちが彼らを「お客様」として扱うことは決してなく、サロンで彼らだけのための軽食が用意されるという赤面ものの扱いがなされた。主催者は芸術家たちを慇懃《いんぎん》無礼《ぶれい》に迎え、家によっては招待客との間に縄で線引きされた席に案内した。

このようにロンドンでは、音楽家たちは、およそウィーンではありえないような屈辱的な扱いに晒されていたようである。逆に、ウィーンの音楽サロンでは、家の主人や招待客が演奏に参加することもあり、高位貴族を含めて客全員が、音楽を前にして平等な扱いを受けることが原則であった。

一七八四年ウィーンを訪れたドイツ生まれの博物学者・民族学者ゲオルク・フォルスターも、ウィーンのこうした平等主義を察知したようである。彼は、トゥーン伯爵夫人のサロンに招待され、上層社会に紹介された経験を、許嫁《いいなずけ》に送った書簡に綴《つづ》っている。「私は、自分が地位の高い人びとの中にいることに、ほとんど気が付きませんでした。そんなことはいとも簡単に忘れてしまい、彼らとあたかも同じ社会階級に生まれた友であるかのように接するのです。ほぼ毎晩、九時から十時間に、この仲間たちはトゥーン伯爵夫人の家を訪れ、そこであらゆる面白い議論を交わします。ピアノを弾き、ドイツ語やイタリア語で歌い、気分が高まると踊り出すのです」と。一八〇八年の『祖国新聞』に掲載された匿名の著者(イグナッツ・モーゼルか)の記事にも同様の事情が描写されている。ウィーンのサロンでは「貴族もブルジョワジーも、皇族も家臣も、主人も部下も、皆が一堂に会し、音の調和によって、それぞれの立場との間の不調和を忘れている」。この著者は、それを奇跡と称賛している。

上層社会のサロンにおけるこうした平等主義には当然限界が存在していたことも忘れてはならない。それ以外の社会では、高位貴族は同じ階級に所属する者のみと付き合うことをつねとしていた。そして、サロンの参加者がともにこぞって音楽を演奏したり鑑賞したりすることがあったとしても、彼らは決してその家の下女と下男までをも仲間に入れることはなかったのである。

5　夜の音楽、軍楽隊、路上芸人

夜のセレナーデ

サロンにおいて中層以上の聴衆が一種の限定された平等主義を経験したのと似て、屋外の演奏会では下層市民さえもが平等に音楽を満喫することができた。

当時、屋外の音楽演奏の最高潮は、セレナーデによってもたらされるのが定番であった。数人の奏者からなる一団が依頼主の指定した家の前で深夜まで演奏を繰り広げたセレナーデは、演奏が直接捧げられた人物はもちろん、周辺の住人をはじめ、たまたま居合わせた歩行者であっても無料で堪能するというように、都市住民が階級を問わず共通に愉しむことができた。

一七九四年の『ウィーン演劇年鑑』が語るように、こうしたセレナーデの演奏水準は想像される以上に高かったようである。ウィーンではイタリアやスペインとは異なり、セレナーデが、ただギター、マンドリン、ないしは同類の楽器に伴奏される単旋律にとどまることはなかった。ここでの主眼は、宙にため息を吐いたり、愛を告白したりする類いのセレナーデではなく、むしろ、多声によるオペラの三重唱、四重唱が歌われ、伴奏には管楽器、時にはオーケストラまでもが動員され、大規模な交響曲が演奏されることもあった。

このような演奏は、聖名祝日の前夜、特に七月二十六日の聖アンナのそれに開かれた。まさにこれら夜の演奏にこそ、このまちの音楽に対する広範で深い愛情が最も鮮明に映し出されていたといえよう。普段であればみな急ぎ足で帰宅する時間帯であろうと、また深夜であろうと、流れてくる音楽に人びとは立ち止まり、窓辺に姿を現すのであった。そして演奏者たちは数分後には、称賛の拍手を送る大群に囲まれ、しばしば劇場でと同様に、曲の再演を求める聴衆の声に応える。群衆はセレナーデ終了まで、解散することはめったになく、次の演奏のためにまちの他の地域に移動する演奏者たちとともに大挙して動くこともしばしばであった。

ペルトもセレナーデの演奏に何度も出会ったと記している。一八一五年九月には、夜十時半から十一時四十五分にかけて、ある人物の政府高官への着任を祝福し、旧市街のベッカー通りで「完全なオーケストラ」による演奏がとりおこなわれ、それを聴くために大群衆が集まった。そこでは、ケルビーニの歌劇『アナクレオン』序曲(一八〇三年初演)をはじめ、名チェリストのヨーゼフ・リンケの独奏による協奏曲、ベートーヴェン作曲の序曲、著名なフルート奏者のアントン・バイヤーがソロを担当した協奏曲が続いて奏されたという。この豪華なセレナーデを締めくくったのは、新進のヴァイオリニスト、フランツ・ペカーチェクによる自作自演の愉快なメドレーであった。

より質素ではあったが、ペルト自身もセレナーデを供せられている。一八一七年に、同僚のマイヤー、知人の名トランペット奏者のアントン・カイルに、もう一人が加わって組まれた吹奏楽のグループが、予告なしにペルトの窓の下に集い、三重奏のセレナーデを吹きはじめた。オペラの抜粋の編曲版が奏でられた後、ペルトは三人を部屋に招き入れ、ちょっとした夜食でもてなし、その後、三人は屋内でいくつかのレントラー(文字どおりには「田舎風の踊り」)を演奏し、夜十二時にようやく帰宅したという。それから二週間ほど後にも、ペルトはレオポルトシュタットにまで足を運び、やはりマイヤーが主催した大勢の管楽器奏者が参加したセレナーデを鑑賞している。のみならず深夜に及んだその帰路でも、彼はいくつかの「カッサシオン」(大道音楽、セレナーデの別名)に耳を傾け、就床したのはようやく午前一時であったという。これらの記述が示すように、セレナーデは逸することのできないウィーンの一側面をなしていたのであった。

軍楽、「トルコ音楽」、宗教的行列の音楽

もうひとつ、ウィーン住民の誰しもが容易に接しえた音楽は軍楽であった。軍楽は、これを通常の屋外音楽とすでに第三、四章にふれた「トルコ音楽」とに分けることができるとデ・ルーカもシェーンフェルトも説明している。通常の屋外音楽は、「フェルトムジーク」、「ハルモニー」、あるいは「バンデ」とも呼ばれ、主にオーボエ、ファゴット、ホルンなどによって奏された。「トルコ音楽」は、それらの楽器にクラリネット二本、トランペット、トライアングル、ピッコロ、普通の大きさのドラムときわめて大きなドラム、そしてシンバルを加えて構成された楽団によって演奏された。この「ト

ルコ音楽」は、実際のオスマン帝国軍楽隊の楽器編成の模倣を意図していたにもかかわらず、本来の「トルコ音楽」とは少なからず異質であったようである。作曲家でジャーナリストのクリスティアン・シューバルトが記した逸話によると、一七八五年頃、ベルリンでオスマン帝国大使表敬のために「トルコ音楽」が合奏された際、大使は「これは我が国のものではない」と眉をひそめたという。しかし、たとえ本物とは異なっていたにしても、前述の楽器編成によって演奏された大音量で起伏に乏しい二拍子のメロディー、各小節のダウンビートのしつこいまでの強調、主三和音と属三和音からなる単純な和声などを特徴とする様式は、当時のヨーロッパ人によって「トルコ音楽」として認識されたことに違いはない。当時は、この様式が新鮮と感じられたようで、十八世紀を通して欧州各国で人気を誇り、モーツァルトやベートーヴェンなどの器楽作品にもたびたび組み込まれている。

デ・ルーカなどによって「通常の屋外音楽」と分類された曲は、一七七六年から一八四八年にかけて、きまって夏中の夕方、帰営の時間に先立って、旧市街のアム・ホーフにあった宮廷軍事局の兵舎前で演奏されたものを、その典型的な例とする。ブルク内庭で昼間の定時に挙行された衛兵交替の時にも、それは欠かさず披露された。楽団にはクラリネット、トランペット、大小のドラムが加わることもあり、「楽譜を用いて様々な曲が奏でられる」とニコライは記している。彼は、そこでのドラムの巧みな伴奏法に注目し、それがとくにリズムを研究しようとする音楽家にとって参考になる、と示唆している。一七九二年のガイドブックによれば、アム・ホーフでの演奏は、毎回一時間ほど続いたらしい。シェーンフェルトは、その隊長を素晴らしいオーボエ奏者として評価し、自らが演奏会用のオーケストラを組織する際にも、彼を団員として採用するよう強く推薦している。

プラーターのいわゆる「第一」と「第二」のカフェーハウスなどでも屋外音楽は、定番とされていた。一八一七年に、ペルトは、そこで朝食を取りながら「第二市民連隊が奏でる、全てのパートが備わった音楽」を満喫し、さらに同じ日の正午、ブルク広場でも近衛歩兵の連隊による「ハルモニー」(吹奏楽)の音を愉しんだと記録している。

これらに相重なって、厳かな宗教行事の際の行列に伴う演奏も市中に聞かれたという。そのような行列のなかでも贅を極めたのが、復活祭の六十日後の木曜日(聖体の祝日)の練りであり、その直前の三位一体の主日(日曜日)のそれも大々的であった。ニコライはペーター教会が主催する三位一体の主日のパレードを見物し、「ツィンクのグループ、トロンボーン二名、ファゴット二名に伴奏された歌」を聴き、楽器の長く伸ばされた音によって、ひときわ敬虔なムードが醸し出されていたと感想を述べている。

路上芸人

ウィーンのもう一種の屋外音楽として注目すべきは、市道で繰り広げられた路上芸人による奏楽であった。それらは一八二一年には、「乞食芸」として大幅に禁圧されるに至ったが、それまではウィーンの音楽演奏の普及を代表するジャンルを形成していた。バーニーが、ある夜泊まっていた宿の中庭に入ってきた学生の歌を聴いたことはすでに触れたとおりであるが、この演奏に続き「貧しい学生の歌い手の一団が来て、路上で三声ないしは四声の男声合唱を聴かせてくれた」という。この経験からも、彼はウィーン全体がいかに音楽に満たされていることかと述懐している。しかしながら、大道や広場などの芸人音楽は、「イタリアと較べ、デリカシーに乏しい」と付け加えることを、バーニーは忘れていない。また宿での夕食の際に奏された吹奏楽の演奏についても、彼は「悲惨なほど調子はずれで、彼らに一〇〇マイル離れていてほしかった」と辛辣《しんらつ》な感想を残している。音楽の盛んなまちとはいえ、やはり演奏の水準は当然演奏者によってまちまちであったことが、窺い知れる。

ウィーンでは、このように様々なレベルの多様な音楽演奏が、路上以外にも公園や多くのレストランや居酒屋で行われていた。一七九三年の『アイペルダウアーの手紙』によれば、ウィーン住民にとって、音楽抜きのレストランで料理を味わうことなどおよそ考えられなかったようである。したがってレストランには「片目の者が現れるや、ついで盲人が、かと思うと腰の曲がった者が引きも切らずやってくる。彼らはたいていがハープのヴィルトゥオーソであり、歌を歌う時は狂人のように顔をしかめている」。ファゴットで奇妙な「トルコ音楽」を吹く男も訪れ、さらにツィンバロンを持ったイタリアの女性が来るといった情景が繰り広げられたのであった。

当時、ウィーンのハープ奏者は特筆すべき存在であった。『アイペルダウアーの手紙』の著者が伝えているように、ハープはこの町の視覚障碍者にとって一つの生活上のよりどころでもあった。彼らの中には、殺人事件、火事、奇跡などの奇抜なニュースを取り入れた物語を歌うベンケルゼンガー（路上歌手）の伴奏をもっぱらにする者もいた。しかし同時に、マリア・テレジアやモーツァルトなどが高く評価した名手も時に現れた。

パイジェッロ、サリエーリ、マルティン・イ・ソレールなどによる「たわいのないオペラ」からの二重唱、三重唱、フィナーレなどといった「曲をアーモンドクッキー売りやウェイターでさえ、路上や路地裏でキーキーと歌っている」とペッツルは一七八七年に報告している。『ウィーン演劇年鑑』の編者も、オペラ音楽がいかに社会の底辺にまで浸透していたかを物語る、次のような一件に注目している。すなわち、微かな日光しか届かない軍事刑務所の部屋の地面に近い小窓から、思いがけず『ウナ・コサ・ララ』からの二重唱を不幸な囚人たちが合唱する歌声が道路まで洩れ聞こえていたというのである。そして、これに続いて聞こえてくるのは、一七九二年に亡くなったばかりのゴットフリート・フォン・ジャカンの『暗いブナ林に座った』であった。この優しい歌を、受刑者が暗い監房を林に見立てて歌唱しているとは、いかにも皮肉なことではないか、と編者は指摘している。

このエピソードが物語るように、ウィーン人は、たとえ牢屋に放り込まれるような境遇に置かれたとしても、「高尚文化」と見なされていた音楽を全面的に拒絶することはなかった。これに対して、ウィーンの支配層もまた、低俗と見なされていた庶民音楽の価値を完全に否定することはなかった。

ヨーゼフ二世が、ポピュラーな道化役のカスペルのアリアを好んで歌唱したことは、第二章に述べたとおりである。

当時、ウィーンのような大都市において、厳然たる階級の違いを超えた真の社会的共同体の実現は、およそ望むべくもない幻想にすぎなかった。しかしながら、この都市においては、さまざまなレベルの音楽演奏が広範にわたる社会階層間に相互に作用し、普及していったことよって、そうした幻想があたかも音楽文化に支えられて現実化したかに見えたのであった。

第6章
舞踏会と公開演奏会の展開

ウィーン市民は貴族の開催した舞踏会に憧れた。やがて、自宅の狭い部屋から脱出し、より広い施設で多数の人びとに接しながら踊ることは、とくに中層以下の民衆の最も好んだ趣味の一つとなった。このような需要を充たすため、十八世紀後半にはウィーン各地にダンスホールが相次いで開業し、その経営者たちは市民の社交ダンス熱から経済的な利益を獲得しようと腐心した。

音楽会も同様であった。ある程度の音楽教育を受けた素人音楽家の人口は膨大であり、とくに器楽曲、歌曲、オペラ・アリアなどを自ら再現しようとした者たちは、手本となるヴィルトゥオーソとスター歌手の演奏に強い関心を寄せた。そうでなくとも、音楽好きで知られたウィーン住民の演奏に対する需要に応えるために、一般公開の音楽会の数は十八世紀後半以降、飛躍的に増加した。

以下本章では、十八世紀後半以降のウィーンにおけるダンスとコンサートの文化が歩んだ道を辿ってみよう。

1 レドゥートからダンスホールへ

一七九二年から一七九三年頃のウィーンのダンスを観察したドイツの作家フリードリヒ・シュルツによれば、「ウィーンの人びとはいたくダンスに熱を燃やしている。真夏でも冬でも、季節を選ばず同じように愉しく踊る。ウェイターが若い公爵に負けず劣らず、堂々と舞う」。貴族は宮廷が主催した宮殿の祝賀会などで踊るだけでなく、民営の施設での舞踏会にも足を運ぶ。他方、一般市民はクラブ、娯楽施設、ダンスホール、レストランなどで踊り、ファシング中に開かれた仮面舞踏会(レドゥート)にも競って出場した。むろんダンスには音楽が付き物であり、また舞踏会場の多くは音楽ホールの役割をも兼ねていたことから、社交ダンスはやがて「音楽の都」のイメージ形成に欠かせない要素となった。

市中の舞踏会で伴奏音楽を担当した職業音楽家は、古くからあったツンフトに加入していたが、一七八二年にその活動が自由化されたことを契機として、彼らも自らの技芸に基づく経済的利益の組織的な保全を図るようになった。雇用を願った音楽家は、舞踏会のとくに盛んな土曜日には朝九時、旧市街のホーアー・マルクトの裏にあった柱の下に、また他の日にはそこから一五〇メートルほど南西に位置したブラントシュテッテに集まり、舞踏会の開催者、レストランの経営者、ダンスホールの支配人などからの募集に備えた。

レドゥート

大規模の舞踏会、なかでもとくに仮面舞踏会は「レドゥート」(「バル」とも)と称された。語源が示しているとおり、レドゥートはフランスから持ち込まれた催しであり、とりわけヴェルサイユ宮殿のレドゥートが有名であった。ウィーンにおいて最も派手で堂々たるレドゥートは、ブルク内の一七四

図 6-1　1815 年前後の大レドゥーテンザールの舞踏会．左上にファゴットとホルンなどを含む楽団が見える．ハインリヒ・ヨーゼフ・シュッツ画．

八年に改築され、一七五五年には更に近代化された、大レドゥーテンザール（図6-1）において、宮廷主催で挙行されたものであった。

一七五二年のレドゥート開催を告げる一枚刷りの広告を見ると、レドゥートはファシングには週二、三回、午後六時から翌朝一時まで開かれ、「高位貴族、騎士身分の者、宮廷顧問、将校」のみの入場が許されていた。しかし、この入場制限も後年は次第に緩和されていった。

デ・ルーカの一七九四年の記録によると、一五〇〇人から三〇〇〇人もが参加可能な大がかりのレドゥートが夜九時から翌朝六時まで続いたという。つまり四十年の間に終了時間が五時間も延長されたこととなる。参加者には、仮面と仮装が期待されたが、必須ではなかった。逆に、レドゥート以外の場では、公序良俗が乱れる恐れから仮面で顔を覆うことが法律で禁止された。入場料金は平時二グルデン程度であったので、中層以下の社会には縁のない娯楽であった。招待券を入手しても、ただちに参加できたわけでもない。たとえばペルトは、ウィーン会議中の一八一四年の一万人の来場が予測された宮廷の巨大レドゥートへの入場券を無料で入手しながらも来場は叶わなかった。そこでは厳しい服装規定が敷かれ、高価な正装を誂える経済的余裕のないペルトは、出席を断念せざるをえなかったのである。

一七五〇年代に大レドゥーテンザールを見たドイツ人旅行者のヨハン・ペーター・ヴィレブラントは「想像を絶するほど豪奢で、建物は立派な教会に似ており、会場は白い蠟燭が装備されたクリスタルのシャンデリアに照らされ、両側は素晴らしい装飾を施した柱が並び、場を二つの楽団が音楽で活気づけている」と驚嘆を顕わにしている。この会場のすぐ隣には、同程度に贅沢に飾られてはいたものの、より狭い小レドゥーテンザールが建っていた。この両施設は、当初は一般公開されることとなっていたが、貴族の不満が強かったため、一七五二年以降には先述した入場制限が行われた。しかし、この時代はホーフカペレと劇場などの民営化が促された時期でもあっただけに、ダンス会場の採算性も問題視されたのか、一七七二年には、再度方針が変わり、レドゥートは、ようやく入場料を支払う財力のある全ての人びとに開かれ、ファシング前後のウィーンにおける社交の主軸となった。

こうしてレドゥートには、雑多な来場者が参加するようになったが、訪れた者の挙動は、社会的階層によって大きく異なっていたようである。「より階級の高い者は傍観しているのみ」と書いたのは、このことに気づいたシュルツであった。あるドイツ人も一八〇四年に刊行した旅行記に、貴族が踊るのは珍しい、とある。彼らは、せいぜい事前の約束により、四組の男女が四角い形を作り、カドリーユを踊った程度であったという。宮廷関係者は、会場の混み合いと暑さを厭い、ダンスの快楽は群衆に委ね、自らはそれを控えたという。

一方、中層以上の市民が舞踏会から何を期待していたのかについて、カロリーネ・ピヒラーが「昔」――といっても、おそらく一七七〇年から一七八〇年代のことであろうが――の事情を窺わせる懐古談を残している。いわく、若者たちは一月から始まる舞踏会シーズンの到来を一年中待ち望んでいた。レドゥートは、多くの男女が出会い、惚れ合ったり、拒絶し合ったりして、笑いや怒りに身を任せる機会にほかならなかった。レドゥートが終わり、その熱気が冷めやるにつれ、彼らはその短時日に起こった出来事を何度も振り返り、どこで恥をさらし、どこで策略が実ったのかについて久しく思量を重ねるのであった。当時、正確な由来も意味も不明ではあるが、「ファシング中に求婚者を得られない女子は、四旬節にシュテファン聖堂の塔をごしごしこすって洗わなければならない」という俗諺《ぞくげん》があった。したがって、灰の水曜日(通常は二月中旬から三月上旬まで)になると、まだ良縁の見通しのない娘たちは「そろそろ洗うための砂と藁《わら》を用意したほうがよいのではないか」とからかわれたものであった。

数千人が参加したレドゥートは、踊るどころか、身動きが取れないほどのすし詰め状態となったにもかかわらず、ダンス好きな富裕層が次から次へとレドゥートに押しかけ、類例のない賑わいぶりであった。しかし、ピヒラーによれば、このレドゥートもナポレオン戦争が勃発した後は、「単なる大親睦会とみなされる」ようになり、実際に踊る者がめっきり減少したとされる。「誰も、あるいはほとんど誰もが気にもとめないダンス音楽が演奏される中、人びとは繊細に装飾され照らされたホール内をただ歩き回り、知人に会釈し、たがいの衣装の品定めに時を費やした。ダンスの上手な者も下手な者も、それぞれ状況に応じて愉しんだ」と、ピヒラーは書き残している。

レドゥートの伴奏音楽は、通常職業音楽家によって編成されたオーケストラが担当した。一七七三年の小レドゥーテンザールでの舞踏会では、ヴァイオリン十二名、チェロ三名、コントラバス六名、オーボエとホルン四名ずつ、ファゴット二名からなる一団が伴奏し、同じ年の大レドゥーテンザールではオーケストラがさらに拡充され、ヴァイオリン奏者は二十二名に増員、フルートも二名加わり、必要に応じて、ホルン奏者がトランペットを吹くこともあった。レドゥートの伴奏を提供した楽団は国内外より、その演奏の質の高さを称賛された。ニコライは「ウィーンのダンス音楽は通常はっきりしたはずみのあるリズムで、上手に演奏されている」と評している。

ウィーンのダンスホール

ウィーンでは十八世紀後半まで、市民が勝手に集合して踊る行為は厳しい規制の対象とされていた

図6-2　ノイヤー・マルクトにあった豪華な舞踏会場の「メールグルーベ」(左)．右は「騎士協会」が音楽会を主催したシュヴァルツェンベルク侯の都市宮殿の正面．

が、一七六六年のマリア・テレジアによる法改正にともない、市民主催の公開舞踏会が合法化された。その結果、営利目的で新しいダンスホールが次々に開業し、一七八〇年には市内の軒数は推定十七軒に及び、その後も増え続け、ウィーン会議の頃にはその数は五十軒を数えたといわれる。

シュルツによれば、十八世紀末には、大半のダンスホールの客は中流以下の市民が占めるところであったが、貴族もまた旧市街に立地する「メールグルーベ」(図6-2、文字どおりには「小麦粉蔵」)でダンスに興じたという。これに対し、非貴族は新市街にあった「ボック」(雄やぎまたは雄鹿)、「モントシャイン」(月光)、「ファサーン」(雉)などに足を運んで踊るのがつねであった。顧客の社会的階層は、おおむね入場料金の多寡にしたがって決まっていたが、庶民向けとされたダンスホールにおいてすら差別的な入場規制が敷かれることがあった。たとえば一七八三年の『ウィーンの小紙』の広告欄には、マリアヒルファー通りに「ツヴァイ・グリューネ・ランペ(ル)ン」(二丁の緑の灯り)というダンスホールの開業が告げられている。「お客様はみな、良い音楽が伴奏される中で、愉快で興味深い時を過ごすことができる」と記されたこの広告は、同時に「召使、女中、《ボヘミア帽子》(下女)、《コルセッテル》(七分袖ジャケット、つまり端女)は入場禁止」を明示していた。この時代、ダンスホールの経営自体はほぼ純粋な商行為と見なされるようになっていたにもかかわらず、そこにはやはり封建社会の保守的な価値観が依然として色濃く残っていたようである。

先述したとおり、こうした後発でどちらかというと中、低層の市民を顧客としたダンスホールに対して、一六九八年に建てられ、後に重要な音楽ホールを兼ねたメールグルーベは一七一六年より貴族階級の舞踏会場として開業し、とくに高い人気を博した。ケーフェンヒュラー＝メッチュの日記中、一七四三年の記載によれば、メールグルーベでの舞踏会は毎週月曜日と水曜日に催され、そこには高位貴族以外に、いわゆる準貴族も「旧例にしたがい」仮面をかぶることを条件に来場することが許されていた。この頃、青年ハイドンは舞曲演奏者の一人として、メールグルーベで小遣い稼ぎに勤《いそ》しんだという。

一七七〇年代になると、メールグルーベは時代に先駆け、一般市民用のダンスホールへと様変わりを遂げていった。一七七五年一月、ケーフェンヒュラー＝メッチュは、この施設は宮廷関係者向けとしては下品すぎるので、高位の人が訪ねるなら仮面をつける必要があろうと述べている。彼は、この頃から社会的地位の低い者までがファシングになるとメールグルーベに参集するようになり、それは単なるレストランに成り下がってしまったと嘆いている。一七八七年に役者のヨアヒム・ペリネーも同様に、昔のメールグルーベはウィーン中で最も心地よい娯楽施設であったのに、今は理髪師など、有象無象の溜まり場へと零落してしまった、と苦々しい思いを吐露している。一八〇一年に匿名で刊行されたウィーンの風俗案内書にも、メールグルーベには「商家の召使が恋人を伴い、一般市民や職人は妻や子供連れで、下級の公民もまた家族と一緒にやってくる。召使と女中も訪れるが、衣装によって身分を隠している」と同様の慨嘆まじりの観察が記されている。しかし、同書にはその入場料が三十クロイツァーであることが明記されており、それを勘案するなら、これが最下層市民には決して容易に手の届く遊びではなかったことも分かる。

上流社会に愛され、頻用されたもう一軒の民営のダンス・音楽ホールは、イグナツ・ヤーンが一七八八年以降、旧市街のヒンメルプフォルト小路で経営していたレストランの二階にあった。演奏会場も兼ねたこのホールで舞踏会が開かれる場合、男女一ペアは三ないし五グルデン(食事と飲み物込み)の入場料を支払っている。ヤーンにとって、きわめて実入りの良い商売であったと推測できよう。先に引用した一八〇一年の案内書によれば、この施設は、かつて三つの部屋に分けられていた空間の仕切りを打ち抜くことで、二五〇〇人の収容を可能にした細長い構造であったという。このような施設改変の閲歴自体、当時のウィーンにおけるダンス熱の高さを物語っていようが、その結果このホールでは、元の部屋と部屋との間にあったドアのところにアーチ状の壁が突き出たままになっており、夢中になってワルツを踊るペアがいきなりそこにぶつかり倒れたという、笑えない話も残っている。ビュッフェの評判も上々で、一途に踊りに夢中な女性はともかく、男性の中には一晩中ハムや牡蠣を頬張ってばかりいる者もいたという。このホールは、ヤーンが一八一〇年死去して以後、その息子が経営を引き継いだが、一八二四年には、カフェーハウスへと衣替えし、その後も存続し、現在は「カフェー・フラウエンフーバー」となっている。

貴族と上流社会がもっぱら旧市街の施設を愛用したの対し、それ以下の市民層は主として新市街と郊外村に分布した無数の、より安価に利用できるダンスホール兼料理屋を好んだ。そこでは、伴奏音楽の演奏水準もそれなりに低かったのであろうが、若い頃のハイドンが郊外の居酒屋で思いがけず、自らのメヌエットが演奏される機会に遭遇した逸話などから判断すれば、社会階級間で好まれた舞踊音楽の間に、それほど大きな違いはなかったとも思われる。おそらくは、優れた作品の楽譜も、かなりな程度、下層社会にも流布していたのであろう。

十九世紀以降、ウィーン周辺には、壮麗な舞踏会場が新設され、大企業として運営されるようになっていった。たとえば一八〇七年には、八〇〇〇人が収容可能という前代未聞の広さを誇るシュペルルのダンスホールが現在の二区に開業した。また六十人の「巨大オーケストラ」を備えたアポロザールも、現在の七区に開業し、短命に終わったものの、一時期広範な富裕層を惹き付けたのであった。

かくして、宮廷主催の舞踏会に始まるダンスという娯楽は、ほどなくウィーンの一大ビジネスにまで成長した。貴族の多くは、その過程を自らの文化的優越の喪失と受け止め、そこに一つの「衰退」を感じ取らざるをえなかったと思われるが、ダンスに興ずるだけの経済的余裕を得つつあった市民層にとっては、舞踏会の商業化は、逆に自らの文化的上昇を可能にしたありがたい傾向であったに違いない。

2　ワルツの流行

ウィンナ・ワルツと称されるダンスは現在、社交界の優美で上品な舞踊の代名詞となっている。しかし第一章にも言及したように、もともとはそうではなかった。上流社会が主にフランスから輸入し、宮廷内で培われていた舞踊文化と較べて、ワルツは当初、庶民的で低俗な踊りと考えられていた。十八世紀末になると、ウィーンで独特の発展を遂げたワルツは社会に広く受容されるようになり、社会的上層にもその愛好者は増えていった。ワルツこそは、通俗文化の活力と普及力が高尚文化を大きく活性化させた好例となったのである。

一七八〇年代まで、舞踏会やダンスパーティーなどの多くは、ペアがせいぜい手をつなぐメヌエット（ミヌエット）で開始されたと、カロリーネ・ピヒラーが記している。メヌエットは「とてもありふれた踊りで動きもシンプルに見えるけれども、的確で正確なステップと、身のこなし、誇り高さを要し、それが出来るのはごく僅かな人びとであった。しかし、それらの質こそは、このシンプルで面倒な踊りの良し悪しを決める基準であった。まさに観客も、その点を言葉にはしないものの認めていた」。しかし、丁寧なメヌエットやカドリーユなどがそうした真価を発揮するためには、かなり広い場所を要し、大混雑のレドゥートには向いていなかった。

こうした舞踊ジャンルの盛衰に関連して、ピヒラーの小説に興味深い一節がある。一九世紀初頭、ある伯爵の誕生日祝いでのこと、庭園で花火が打ち上げられた後、招待客全員が急ぎ足でダンス会場となる部屋に赴くシーンである。最初の舞曲はウィーンで流行しはじめた動きの激しいエコセーズであり、ついで人気のワルツが代わる代わる踊られた。そこでは、すでにメヌエットは人気が無く踊られない。同じころ、メヌエットは純器楽曲からも次第に姿を消しつつあったが、それも偶然ではない。ゆったりしたメロディーで男女が手を組みあったり放したりするストラスブールの踊りも消えつつあった。踊り手が少し跳ねる、四分の四拍子のガヴォットもとんと見かけなくなり、ペアが相次いで輪を作り、二つの輪をなし、列に変更、二列になるなど入り組んだコントルダンスも同様であった。

ピヒラーは、舞踏会において、メヌエットが初期のワルツに道を譲った瞬間を『時代絵図』の中、次のように描き出している。

芸術的で実に上手なペアが踊りを披露したり、ある女性がダンスの卓越した才能を示したりすると、その周りにはすぐさま崇拝者の輪ができた。そこで彼女は、簡単には退場できないことを悟った。メヌエットの終了と同時に、次に彼女と踊りたがる他の男性たちが、彼女の手と同意を求めて、つねに待ち受けていた。しかし、ここで音楽がいきなりワルツに一変するや、輪を成した男たちはたちまち雲散する。幸運な最後のパートナー、あるいは前もって約束していた男だけが、彼女をこのドイツ的な踊りでリードすることができた。ペアとなった踊り手は、この適度なスピードのある、魂のこもったドイツの舞踊に飛び込むというよりは、むしろひたすら回転し出すのだ。当時のワルツはまだ、後年「ドイツの不品行な竜巻舞踊」の別称がついたほどに、嵐のように急いで踊ることはなかった。男女は一方の腕で互いを包み、もう一方は手をつなぎ前方に突き出してゆったりと踊った。そのため、このより遅い踊りは(取っ手の長い回転式のコーヒーミルで)コーヒー豆を挽く、と形容されるようになった。

一七九六年には、ワルツがすでに「階級を問わず最も人気の高いダンスである」とシュルツは述べているが、むろんワルツは忽然と現れたわけではなかった。レントラー、ドイチャー(「ドイツ風の踊り」)、テンポのより速い「ランガウス」などがその前身であり、それらは男女が抱き合いながら回転する特徴を共通に持っていた。ダンスホールにおいてレントラーやドイチャーが踊られた際には、音楽はレドゥートで活躍したオーケストラではなく、ヴァイオリン、クラリネット、コントラバスの三重奏が伴奏した場合が多く、レントラーはヴァイオリン一挺で間に合わせることもあった。大半の場合、使用された楽器の数は、施設の収益性を考慮して決定された。

先にも引用した一八〇一年刊行のウィーン風俗案内書には、こうした舞踊の伴奏音楽の特性が次のように描写されている。「さまよい足を引きずるようにためらいがちであった調子が、突如激しく突き進む調子へと変わる。おもねり何かを懇願するかのような短調が、幸福感に満ちた長調へと一転しており」、メロディーは「二つの基調以外に展開されることはない。自然に、無為に数拍の間、自信なさげにまるで何かを求めるかのように佇《たたず》み、次の瞬間には抑えがたく激しい歩調へと転ずる」という特徴を持っていた。「こうした変化の繰り返しによって、この踊り、否、のみならずこの音楽全体がまさに魔法のハーモニーを醸《かも》し出すのだ」と観察している。十九世紀初頭のウィーンで演奏された舞曲が矢を射ったように一方向へと速度を上げてゆくのではなく、自在なリズムと変化に富むテンポで奏でられたことを、この記述から読み取ることができよう。より垢抜けた雰囲気を求めた上層社会へと広がってゆくにつれ、本来庶民的なルーツを持つワルツは、しだいにより洗練されたジャンルへと変貌を遂げていったのである。

3　公開演奏会の展開

　ウィーンの公開演奏会の起源は、宮廷主催の音楽会、貴族や知識人が結成した団体によるコンサート、あるいは軍楽師や教会音楽家が市民に提供した音楽演奏などにあった。そのいずれもが本来非商業的な営みであったといってよい。ところが、十八世紀後半以降、種々の興行師、ホール経営者、歌手と器楽のソリスト、はては作曲家までもが、公開演奏会という新しいマーケットに参入を図るようになった。この潮流によって、広範な都市住民に有償の娯楽としての演奏会を提供する機会が各段と増加した。

　もっとも営利事業としての公開演奏会のさきがけとなった都市は、ウィーンではなく、やはり商業の都のロンドンであった。ロンドンでは早くも一六七二年に、営利目的の演奏会が開かれていた。そこから十八世紀初頭にかけて、この地には複数のホールが営業を始め、ヨーロッパ全土から著名な演奏家が来演した。併行して、営利事業以外にも、慈善コンサートやオラトリオが劇場、庭園、教会などで公開された。一七六四年から一七八二年にかけて、ヨハン・クリスティアン・バッハとカール・フリードリヒ・アーベルが企画した有名な連続演奏会も行われた。また、一七七五年からは、五〇〇人以上を収容できるハノーヴァー・スクエア・ルームズにおいて公開音楽会が定期的に催されており、一七九一年から一七九五年にかけて、ハイドンもそこでいくつかの新作を紹介している。

ロンドンを嚆矢として、ヨーロッパ各都市でも次第に公開演奏会が軌道に乗り始めた。ライプツィヒでは、すでに十七世紀末以降、音楽愛好家の大学生が私的な協会を結成し、入場料を徴収する演奏会を開いたが、それにはテレマンとバッハも深く関わっていた。フランスの場合、それとは事情が少し異なり、王室が大がかりな公演の主催権を独占し続けていた。しかし、一七二七年の新聞記事には、「パリでも、ごく小さな地方都市でも、莫大な費用をかけて維持されているコンサートや音楽アカデミーを目にすることができ、しかもその数は日々増え続けている」とあり、すでにこの頃宮廷外の音楽文化が急速に発展しつつあったことを裏付けている。一七二五年には、作曲家のアンヌ・ダニカン・フィリドールがルイ十五世を説得し、オペラ座が休場となった四旬節と宗教祝日に、テュイルリー宮殿において、午後五時か六時開演の約二時間の演奏会が開かれた。数百人の聴衆を集めたこの「コンセール・スピリテュエル」(聖楽演奏会)は、その後年間三十回ほど行われるようになった。コンセール・スピリテュエルの存在は、十八世紀後半にはウィーンをはじめ、ヨーロッパのその他の地方でも知られるようになり、各地の音楽文化に多大な影響を及ぼした。

ウィーンにおける公開演奏会の開催は、確認できるところでは一七四五年が最初である。この年、三月六日付けの『ウィーン新聞』が、公開コンサートの開催を告知している。当時、四旬節には演劇やオペラの上演は原則として禁止されていた。同紙によると、三月七日(この年の四旬節最初の日曜日、つまり「断食の日曜日」)の夕方六時半より、建設中のブルク劇場において、声楽曲と器楽曲を含むアカデミー(音楽会)が催され、以降のコンサートの日時も追って発表される、とある。しかし、このコンサートはあまり大きな反響を呼び起こすことはなく、非常に不入りであったとケーフェンヒュラー＝メッチュも日記に記している。にもかかわらず、その二年後、一七四七年の四旬節中にも同様の演奏会が開催され、四旬節期間中の公開演奏会の習慣が少しずつ定着していったことが窺われる。一七五〇年になると『ウィーン新聞』には、「高位貴族や一般客の享楽のため」四旬節中に週三回(日、火、木)の演奏会が告知されている。

ブルク劇場の監督を務めたロプレスティが、パリのコンセール・スピリテュエルに触発されて、この演奏会を企てたのである。一七五四年からは、彼の後継者のドゥラッツォ伯も劇場における演奏会の開催を精力的に企画し、実行していった。一七五五年の「四旬節興行」は午後六時から九時までかかり、イタリアの名ソプラノ歌手も出演したが「誰でも参加できる」とあるところから推して、素人音楽家も演奏に加わったものと思われる。そこでのプログラムの中心を占めたのは、オラトリオ、合唱曲、二重唱などの声楽曲であったが、協奏曲、交響曲、ソロ演奏も奏でられた。同じ週三回の演奏会は、翌一七五六年、さらに一七五七年、一七五八年の四旬節期間中にも開催され、それらはニコロ・ヨンメッリ、ポルポラ、グルック、ヴァーゲンザイル、ジュゼッペ・サンマルティーニなどの新しい作品が披露される機会ともなった。

それ以後も四旬節中の劇場では、ホーフカペレが出演し大編成のオーケストラによるオラトリオなどの演奏会が開催された。一七五七年に刊行されたフランス語のウィーンの娯楽案内書によれば、この時代こうした公開演奏会は、演劇とオペラが上演されていない期間を埋める代替的催しと見なされていたようである。一七六一年、ケルントナートーア劇場が全焼した際、マリア・テレジアはその再建費の一部を補うために、毎週金曜日にブルク劇場で演奏会を開くことを命じている。オーケストラは両劇場の楽団員から精選された四十名によって編成され、その企画は一七六三年まで継続された。最も安価な四階席の料金は八クロイツァーと設定され、おそらく広範な中層市民にも手が届いたはずである。この企画は、ウィーンにおける公開演奏会の定着を大きく推し進めることとなった。

ソリストも公開演奏会の利点を見逃さなかった。一七六六年に口火を切ったのは、フランドル出身の若手ヴァイオリニストのフランツ・ラモッテ——バーニーは彼をウィーン中、出色のヴァイオリニストと評価した——であった。その後、毎年数人のヴィルトゥオーソが劇場を借りて演奏会を開き、練達の妙技によって聴衆を魅了するようになっていった。しかし、この時期はまだ大規模の公開演奏会の頻度はそれほど高くはなかった。一七七三年刊行の『ウィーンの演劇年鑑』は、その年の四旬節の間、ブルク劇場では六回、ケルントナートーア劇場でも三回の演奏会が催された、と記している。ケルントナートーア劇場における演奏会は、後述するガスマンが創立した「音楽家協会」が主催した慈善興業だとすれば、それを除くと、営利目的の事業としてのコンサートは一年に六回しか開催されなかったことになる。

同じ年鑑の一七七四年版には、演奏会が「降臨祭と四旬節以外にも祝祭日にはたまに」催され、「そこでは古今に作られた最も優れた作品が、当地と外国の歌手、そして色々な楽器のヴィルトゥオーソにより演奏されている」と記されている。そしてヨーゼフ二世が一七七六年に断行した劇場改革は、劇場における興行にまつわる制約を大幅に自由化し、公開音楽会の機会をさらに広げることとなった。この自由化策を機に、郊外のヨーゼフシュタット劇場でも、「アリア、交響曲、協奏曲、鍵盤曲、ポロネーズなど」を含む音楽会が盛んに催されるようになっていった。演奏者本人が企画し、事前に聴衆と音楽愛好家から予約金を募る大小の「予約演奏会」も人気を博するようになり、ウィーンの音楽文化に不可欠な一端を担うに至った。

4　音楽家協会、騎士協会、楽友協会

音楽家協会主催の演奏会

公開演奏会の発展を大きく刺激したもう一つの要因は、先に述べた音楽家協会の結成であった。一七五〇年代以降、宮廷が強行した改革によって、ホーフカペレ団員の年金が消失したため、協会は互助事業として演奏会を開き、その利益を退職者や音楽家の遺族に配分する必要に迫られたのである。

その最初のコンサートは一七七二年にケルントナートーア劇場で開かれ、二か月後に二回も再演された。これらの演奏会には、計三八二七人が来場し、二五〇〇グルデン弱の収益があったとされる。初回のプログラムの中心とされたのは、ガスマン作曲の二部作のオラトリオであったが、序曲と後奏として他の作曲家の交響曲も紹介された。加えて、ガスマンの作品の幕間にはあるヴァイオリン協奏曲とフルート協奏曲の演奏も挿入され、聴衆の関心を引いた。

こうした協会のコンサートには、演奏者は無償で出演するのがつねであった。モーツァルトは父宛の手紙に、協会に依頼されその舞台を踏めば「皇帝と聴衆の両方の愛顧を得られる」ので出演拒否はできないと書いている。ベートーヴェンも、一七九五年の協会の演奏会で新作のピアノ協奏曲第一番を初演し、ウィーンでの本格的なデビューを果たしている。

騎士協会から楽友協会へ

かつてロンドンでは、ヘンデルのオラトリオの演奏が大きな反響を呼んでいた。一七八六年、このような傑作をウィーンでも広める目的から、多くの楽譜を蒐集していた政府高官ファン・スヴィーテン男爵が、「騎士協会」を結成した。この協会主催の演奏会は、当初帝室図書館(図6-3)の大ホールで催されたが、その後、会員の一人であったシュヴァルツェンベルク侯の三三九九平米を誇る都市宮殿(図6-2)へ、さらにエステルハージ宮殿(図2-4)へと場を移した。演奏が特に好評であった場合には、ブルク劇場やヤーンのレストランの二階でも再演が行われた。ファン・スヴィーテン男爵は、ヘンデルのオラトリオなどの詞章を自ら独訳し、楽団にはホーフカペレ所属の楽師と歌手を加え、一七八八年以降にはモーツァルトに作品の編曲と演奏の指導を依頼している。騎士協会はハイドンのオラトリオ『天地創造』や『四季』を委嘱するなどの実績をあげ、一八〇八年に解散するまでウィーンの音楽文化の発展に多大な貢献を果たした。

ウィーンでは、騎士協会に続き、一八〇七年から一八〇八年の冬にかけて、七十人の音楽愛好家からなる「楽友の協会」も結成された。素人音楽家、職業音楽家をはじめとして、貴族や市民を含むこの団体は、二十回に上る半公開の音楽会を開き、「重要で優れた作品」として選びだされた曲によって構成されたプログラムに挑戦した。しかし、この協会は資金的困難からごく短命に終わった。

ナポレオン戦争が一時的に終息した一八一二年に、これを引き継ぐ形で結成されたのが、現在に至るも存続する楽友協会であった。この画期的な協会創立のきっかけは、ヨーゼフ・ゾンライトナーが

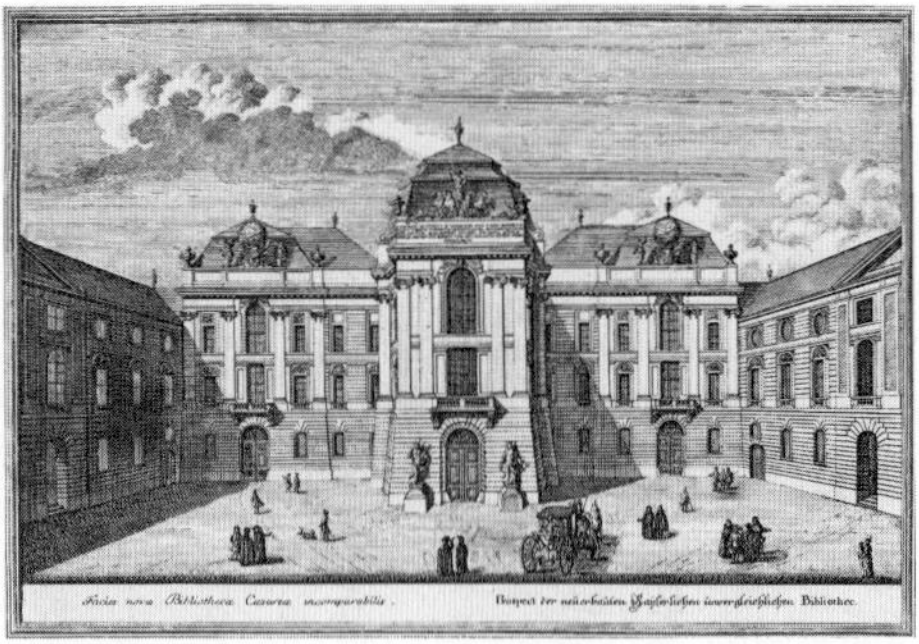

図6-3 「騎士協会」の演奏が行われた帝室図書館．右側に小レドゥーテンザールの入り口が見られる．ザロモン・クライナー画．

創立した「貴族婦人の善と益を推進する協会」が主催したモンスター演奏会の大成功であった。その時、ゾンライトナーの楽友協会設立の呼びかけに賛同した五〇七人の後援者が集まり、一八一五年以降演奏会が定期的に開かれる運びとなった。しかし、協会が自ら刊行した冊子に記された歴史にも、協会設立の当初はウィーンの音楽文化の中心は、なお「高位の音楽愛好家」を抱え、「よりいっそう生き生きとした音楽活動が展開されている」宮殿にあったとされている。楽友協会が、ウィーンの音楽界に君臨するには、まだ長い時日を要したのである。

5　増加する公開演奏会

以上述べた諸団体の非商業的な活動の活発化と軌を一にして、営利事業としての公開演奏会も徐々に増えていった。ダンスホールから公開演奏会場へと使用目的を変化させたウィーン市有のメールグルーベ、ヤーンが経営したレストランをはじめ、劇場、大学の講堂、グラーベンにあった出版大手のヨハン・トラットナーが所有する六階建ての広壮な建物中の「カジノ」(当時の意は単に「クラブ」)、さらに、シュトライヒャーのピアノ製作工房附属ホール等々において、多様なプログラムが聴衆に有償で提供された。

にもかかわらず、一介の音楽家が個人演奏会を開くことは、なおきわめて多くの障害が立ちはだかり、決して容易ではなかった。最初のハードルは、空いているホールを見つけ、予約することで、それが劇場である場合には、政府やその経営者に強い縁故を持つことが必須であった。次に声楽・器楽の共演者を探しだし依頼しなければならなかった。オーケストラの結成は、さらに困難を極めたことであろう。音楽界との繋がりなしには考えられないこうした準備に加え、宣伝や広告を新聞に掲載し、宮廷、高位貴族、富豪などに招待状を配り、警察に届け出、プログラムの検閲を待ち、入場券を販売するといった雑務をこなさなければならなかった。これらと併行して、作品のパート譜を写譜し、リハーサルを指導して、当日に向けて演奏に磨きをかけていく。こうした全てをたいていは、本人と家族が行わなければならなかったのである。その果てに、興行の不成功のリスクも当人が負う以外になかった。無名の音楽家のコンサートならばともかく、ベートーヴェンですら、一再ならず苦心惨憺《さんたん》の末主催したコンサートの採算が合わず、慨嘆したことが伝わっている。

メールグルーベにおける公開演奏会の開催は、すでに一七五二年の『ウィーン新聞』の雑報欄に報道されており、その三十年後、このホールはウィーンのコンサートの一大拠点となった。一七八五年、モーツァルトはそこで三回もの演奏会を開き、ピアノ協奏曲ニ短調(K. 466)などを初演している。ベートーヴェンをはじめ、世紀末のウィーンの名立たる作曲家と演奏者もメールグルーベを愛用している。音楽家協会もそこ(後には大学の講堂)において、厳選された聴衆に二十回の連続音楽会を試みたが、この企画も一年で終わっている。

ヤーンのレストランの二階で開かれた演奏会も音楽史に名を残している。最も有名な例として、モーツァルトが一七九一年に最後のピアノ協奏曲(K. 595)をここで初演したことが知られる。一七九三年には彼の『レクイエム』の最初の公開演奏も同所で行われている。また、一七九七年、ベートーヴェンの管楽器とピアノの五重奏曲(op. 16)もヤーンのこの施設で初演された。

宮廷が管理した大小のレドゥーテンザールも十八世紀末以降は、より頻繁に演奏会場としても使用されるようになった。小レドゥーテンザールのコンサートは、当初は慈善公演として始まったが、次第に演奏者自身が営利目的で借り切るようになった。

アウガルテンにおける演奏会

入場券を要するコンサートを屋外で愉しむことは、ウィーンの文化のもう一つの重要な側面であった。その最も優雅な一例がアウガルテンで行われたことが伝わっている。この庭園内には、レストランと二つの舞踏会場が完備された一棟の大建造物があった。屋外では演奏会が開かれ、その音は庭園中に響きわたった。

一七八二年の夏、レーゲンスブルク出身の興行師フィリップ・ヤコブ・マルティンは、それまでメールグルーベで開催してきた音楽会をアウガルテンに移すことについて、皇帝の許可を得ている。モーツァルトの協力を乞い、マルティンは十二回の夏季連続演奏会を企画した。開演は日曜日の朝九時

図6-4　1830年代のアウガルテンの庭園と附属ホールを兼ねる舞踏会場．ヨハン・フリードリヒ画．

であった。シリーズの入場券は九グルデンと高価であったことから、来場者は富裕層に限られたに違いない。『ウィーン新聞』の広告は、この時の奏者のうちには国内外に知られたヴィルトゥオーソが含まれていると伝えていた。しかし、モーツァルトの書簡によれば、そのオーケストラはファゴット、トランペット、ティンパニ以外の奏者は、全員素人であったという。そのためか、プロがめったに求めなかった本番前夜のリハーサルが、この時は行われたようである。

　このシリーズがいつまで続いたのかは、史料がなく不明である。しかし、モーツァルトは一七八五年から一七八七年にかけてのどこかの時点で「ああ、間抜けのマルティン！　ああ、マルティンの間抜け！　首の無い、足も無い、なんて怠惰な老馬だろう！」という滑稽な四声のカノン(K. 560)を作曲している。これから察して、ここに歌われたマルティンが同じマルティンを指すとすれば、二人の関係はいつからかぎくしゃくし、ついには破綻した可能性も推定されよう。

　マルティンの企画とは関わりなく、遅くとも一七九九年には、名ヴァイオリニストのイグナツ・シュパンツィヒもアウガルテンで催された連続演奏会を監督するようになっていた。五月から六月にかけての四週間、木曜日の朝七時よりそのコンサートは開かれたという。そこで演奏したのは、主に素人によって構成されたオーケストラであったが、種々の序曲、交響曲、協奏曲、声楽曲などが情熱的に、しかもきわめて正確に聴衆に提供されたとの記録が残っている。このシリーズについては、断続的に一八一〇年まで存続したことが伝わる。

以上に見てきたように、一八世紀末から一九世紀初頭、ウィーンの音楽愛好家市民たちは、種々の民営の施設において室内楽団、ソリスト、舞曲奏団、オーケストラなどのすぐれた演奏を聴くことができるようになった。その間、劇場では相変わらずオペラとジングシュピールが定期的に上演されていた。一八〇六年の『アイペルダウアーの手紙』が指摘しているように、ウィーン住民たちは、音楽演奏とオペラ上演とが禁止された復活祭直前の「キリスト受難週」でさえ、「最も美しい音楽演奏はどの教会で聴けるだろうか」と互いに情報を伝え合いながら、礼拝に向かったという。経済力に劣る者たちも、夏の夜には「アム・ホーフ」に足を運び、「トルコ音楽」などの演奏を鑑賞した。

しかし、住民が平等に高度な文化を享受できる条件は、貴族を生み出す牢固たる身分社会の存在と市場主義に基づく社会の勃興という両面の障害によってなかなか満たされることはなかった。華々しい「音楽の都」として意識されつつあった一八一六年のウィーンにあって、ベートーヴェンはこの制約と矛盾がもたらした停滞を慨嘆し、ウィーン社会は「何も進まない腐った泥沼」であると酷評している。彼を含めた多くの作曲家、演奏者、聴衆は、この泥沼に溺れることを拒み、自らをそこから遮断して、芸術に没頭し、ひたすらに音楽の新たなる創造を追求しつづけた。しかし、彼らがそうすることを可能にした条件、すなわち外界からある程度絶縁した芸術的な作品づくりのための空間は、それ自体ある歴史的段階のウィーン社会によってもたらされた産物であった。言い換えれば、社会は、音楽文化に及ぼす多大の悪影響の源泉である一方で、音楽芸術をその悪影響から距離を置き、新たな創造活動を促す力の源泉でもあったのである。

終　章

「音楽の都」誕生の後

以上の六章を通じて見てきたように、ホーフカペレの勤務形態の改革、貴族に仕えた楽団の雇用条件の変化、劇場とホールの運営の民営化、音楽教育の普及と多様化、楽器製作・販売量の上昇、ダンスとコンサート文化の飛躍などにより、ウィーンの音楽文化は十八世紀後半までに、大きな構造転換を遂げた。

とともに、それまではもっぱら社会の権力者たちが享受していた文化は、一般市民にも開かれてゆき、中産階級や下層民も以前には縁のなかった音楽ジャンルに参入するようになった。音楽家の職業生活の主軸も、職人が注文主である貴族などの顔色を窺いながら演奏の機会や作曲の委嘱を待つことから、芸術家が営利目的で催す演奏会や企業化された楽譜出版、有償で行う音楽教育などに従事することへと移行していった。

しかし先述したとおり、ここに開かれつつあった新しい可能性は、人びとを閉じ込めていた封建制の壁の打破には大きく貢献したものの、音楽文化に潜在する普遍性を社会全体にわたって平等に開花させることも、音楽家たちに真の活動の自由を与えることもなかった。たしかに上層社会のサロンという狭い場に限ってみれば、そこに表面的な平等主義が貫徹されているかに見える一瞬があったかもしれない。けれども、いったん目を当時の社会生活の全体に向けるならば、そこに見られたのは、商品市場という新しい原則の支配であり、それに伴う新しい音楽的格差の出現であった。

音楽市場の限界

この時期、音楽家の多くは、演奏、作曲、教育などの分野で現出しつつあった商品化の趨勢《すうせい》を、一面では彼らの活動を縛る身分社会からの解放の好機と受け止めたことであろう。しかし同時に、彼らはこの動向への適応が、必ずしも幸福で平穏な個人生活に直結するわけでもないことをも速やかに悟ることとなった。

音楽家にとってさらに悪いことに、なによりも市場における収益性が作品と演奏の評価基準として優先されるようになったことであった。となれば、貴族と聖職者に代わり、購買力のある社会階層の嗜好のみが全てを支配するようになり、音楽家の創造が外在的な要求や命令に左右されざるをえないという桎梏に本質的な違いはないことになってしまう。皇族、貴族、教会の依頼にしたがって、数百曲のカンタータ、協奏曲、交響曲、室内楽曲などを仕上げなければならなかったバッハ、テレマン、ヨハン・ヨアヒム・クヴァンツ、初期のハイドンなどを拘束した「不自由」に対し、十八世紀末には劇場の経営者の要請に応じて矢継ぎ早に一六六曲ものジングシュピールを作ったレオポルトシュタット劇場楽長ミュラーの「自由」が取って代わったのであった。こうして「自由」になった音楽家は絶えず注文の獲得に奔走し、演奏しながらヨーロッパ中を駆け回り、各地で聴衆の好みに迎合しなければならなかった。人気取りに失敗し、客受けが悪かった時、その全責任は音楽家本人に降りかかり、時には自己破産の運命が彼らを待ち受けていた。逆に運良く成功した場合でも、最も甘い汁を吸ったのは、たいてい音楽家ではなく、興行師と施設の経営者であった。

市場の重圧に屈しないように、音楽家は様々な緩和策の手当に腐心した。たとえば、晩年のハイドンはエステルハージ侯に仕えながら、イギリスの出版社のために四〇〇数曲の民謡を編曲して、企業からの報酬を副収入とし、またロンドンで一大ビジネスにまで発展した演奏会に向けて交響曲をはじめとする多数の曲の創作に勤しんだ。こうした新旧の要請に迫られた複雑な心境を、ハイドンは一七九一年の夏に旅先のイギリスから、友人のゲンツィンガー夫人に宛てた手紙に吐露している。

ある種の自由というものは、実に美味しい。私はよい君主(エステルハージ侯)に恵まれてはいたが、それでも時折卑しい人間に依存しなければならなかった。そこからしばしば解放されたいと思い、今ではある程度それに成功した。半面で仕事が増え、精神的な負担になるが、良い面もある。自分がもはや召使ではないという意識は、これまでの努力が無駄でなかったことの証しとなってくれている。ただ、この自由をとても愛おしく思いながらも、帰国後は家族(妻と兄弟)のために、再びエステルハージ侯に仕えることを望んでいる。

ハイドンが、市場のもたらす自由と、貴族の愛顧に依存した雇用とを二つながらに追求し、維持することによって、及ぶ限り生活の安定を図っていたことは明らかであろう。

晩年のモーツァルトも同様であった。彼もまた、念願の宮廷作曲家としての職務を果たし、教会の役職にも出願しながら、自作自演の音楽会を主催することによって入場料収入を稼ぎ、市場を介した様々な作曲や演奏の委嘱に応じ、ピアノ教師としても活躍し、レドゥートのための無数の舞曲を厭うことなく作曲し提供した。こうして、彼も新旧の要請に応えながら、自らの名声と経済的立場の強化に努めたのであった。

ベートーヴェンもまた、一方で過去の社会体制に固執する貴族層からの経済的援助を得ながら、他方では楽譜出版社との厳しい交渉に身を削った。その板挟みの困難の中で、彼は真に音楽に精通する少数の者しか理解できない独創的な難曲を生み出すと同時に、はるかに広範な売れ行きが期待できる多くのイギリス民謡の編曲にも時間を割いたのである。

こうした状況下、なかには音楽通と一般客を同時に魅了する作品の創作に挑戦する者もいた。これもまた一種、芸術的創造性の追求と市場における商品価値の確保という二つの要請の間の妥協策と見ることができる。モーツァルトは、一七八二年の父宛の手紙に、新作のピアノ協奏曲は「難しいのと易しいのとのちょうど中間」にあると告げている。「あちこちに音楽通だけが満足を覚える箇所もありながら、それでいて通でない素人も、自身なぜかは分からないながら、きっと満足するようなものです」とその狙いを説明している。『魔笛』の作曲に際しても、彼が芸術性と市場性を同時に考慮に入れていたことは明らかである。これと類似する妥協は、この時期の多くの演奏家たちも意図するところであった。演奏会の開催に当たり、彼らも、「分かりやすい」とされた作品とより「堅い」と判断された作品とを交互にプログラムに取り合わせることで、なるべく幅広く多様な聴衆の歓喜を誘う努力を惜しまなかった。

商品市場の音楽作品への影響

しかし、封建的な絶対君主制と市場経済による自由主義を一体化することが困難であるのと同様、長い歴史的・社会的過程において、次第に二分化されてきた音楽文化の基盤に作用する二つの相容れない力を、芸術の次元で再統一させることには無理があった。音楽教育が徹底していない社会で、高度な芸術性を特徴とする作品の可能性を市場に問えば、期待できる収益は絶望的に低く、作曲家の安逸な生活を保証することは不可能に近かったといわざるをえない。

この点を雄弁に物語る事例は、すでに十八世紀中葉に芸術的な妥協を徹底的に拒絶したアッベー・ダ・コスタの経験のうちに窺うことができる。彼は一七七四年の書簡において、ウィーンで「皆が期待しているヴァイオリン曲はつまらない物ばかり」であり、自作を公開しても「その正しい歌い方・奏で方を知るものは、誰一人としていない」と慨嘆している。やはり作品の質を犠牲にする妥協を排した彼を待ち受けていた運命は悲惨であった。徐々に活躍の範囲は狭まってゆき、彼は極貧の中に世を去った。このような姿勢を貫き通した音楽家にとって、市場社会における自由とは、差し詰め餓死の自由を意味するだけであったといわなければならない。

作品の芸術性と市場性との間の矛盾を最も敏感に捉え、強く反発したのはベートーヴェンであろう。一八二三年の会話帳に彼は「一番書きたいことが書けない理由は、お金になることを書かなければならないからだ」と怨嗟をこめて洩らしている。彼にとっては明らかに「書きたい作品」と「金になる作品」とは別物であった。アレグザンダー・セイヤーの伝記によれば、あるときベートーヴェンはもう「天井桟敷の者たち」――つまり一般大衆――のためには作曲しないと断言したという。

その後も、市場がもたらす不自由を感じ始めた作曲家は少なくない。一八三〇年にウィーンを訪れたショパンは、書簡に怒りをこめて「オペラ、歌、踊りをごた混ぜにしたメドレーを演奏すれば、聴衆は有頂天になる」と吐き捨てている。

いうまでもなく、ベートーヴェンもショパンも、いわゆる「分かりやすい」曲も当然作ることができたばかりか、両者とも民謡や流行歌の素朴な旋律、簡単な和声、ホモフォニックな書法などを決して否定せず、時にはそれらを慎重に自作に取り入れることもあった。ただし、芸術性の高い作品と市場性の優れた作品との関係は、単純な相対主義では説明できない。卓越した才能を持つ音楽家にとり、単純な音楽を作ったり奏でたりすることは可能であり、容易であったろう。しかし、逆に、たとえばウィーンの流行歌の分野の第一人者と目されていたミュラーなどは、時に愛すべきメロディーなどを産み出すことはできたものの、聴くに堪える弦楽四重奏曲やピアノ・ソナタなどを作ることはできなかった。また、ヴァイオリンのヴィルトゥオーソが、ダンスホールの楽師の十八番であったポピュラーな舞曲を披露するのは容易であったであろうが、逆に大方のダンスホール楽師がベートーヴェンのヴァイオリン協奏曲などを作品の意図を充分に咀嚼《そしゃく》した上で卓抜な演奏に付することはおそらく不可能であった。聴衆の聴き方にも、おそらく同様のことがいえたであろう。専門的な音楽教育を受け、高度の芸術性をはらむ音楽を理解できる能力のある聴衆が、時にダンスホール、レストランなどで会話しながら、踊りながら、食事しながらシンプルなメロディー、流行歌、職人的な音楽演奏などのいわば軽い音楽を満喫することはあったであろう。しかし常日頃からもっぱらヘッツ劇場の「トルコ音楽」や素朴な流行歌にしか接したことのない聴衆にとっては、後期ベートーヴェンの作品などは、ただ絶望的に「難解」であり、拒絶の対象でしかなかったに違いない。

「クラシック」の台頭

音楽の商品化が急速に進展する社会において、多くの演奏団体と個人の演奏者たちは、「品の無い」と感じられたポピュラーな音楽と「難解」と判断された先進的作品との間の妥協を探るよりは、むしろ過去の名作の再発見、再評価、再解釈に力を注ぐようになった。この傾向は、当初は目新しく聴衆の関心を呼び、彼らの視野を拡大する効果を発揮したといってよい。しかし、そうした新鮮で進歩的な側面は、時がたつにつれ次第に失われてゆき最終的にはこの傾向も音楽界のさらなる発展を妨げる保守的な潮流へと変化してゆく。

過去の名作の再評価と演奏の先鞭をつけたのは、やはりイギリスであった。ロンドンでは、早くも一七二六年に、十七世紀以前の作品の発掘と実演を主目的とする「声楽アカデミー」(後の「古楽アカデミー」)が創立している。そこでは当初、パレストリーナの声楽曲など、十六世紀のマドリガーレと宗教音楽の演奏が主として行われたが、後年ハイドンの作品などの公開演奏も行われた。一七七六年には、ヨハン・クリスティアン・バッハとカール・フリードリヒ・アーベルによる一七六四年からの連続音楽会を参考にして、「古楽演奏会」と銘打たれた連続演奏会もロンドンで開かれている。この当時の「古楽」とは、ヘンデルの作品など、少なくとも二十年以前に作られた音楽を意味していた。

一方、ロンドンに少し遅れてウィーンでも、過去の名作が次第に注目を浴びるようになっていった。とくにハプスブルク宮廷のベルリン大使を拝命した後、一七七〇年から一七七七年まで宮廷図書館長を務めたファン・スヴィーテン男爵は、往年の作品に注目し、日曜日の正午に自邸で開いた音楽サロンにおいて、招待客にそれらの作品を聴かせたことが知られている。作曲家のヨーゼフ・ヴァイグルの自伝にいわく、そこではバッハ、ヘンデルなどの「最も古くて名高い大家」の音楽のみが演奏され、ファン・スヴィーテンやサリエーリなどがアリアを歌い、モーツァルトはピアノで伴奏しながら演奏を指導していたという。やがてウィーンの他の貴族たちにも古楽への関心は伝播していった。たとえばルドルフ大公(レオポルト二世の末子)などは、バッハ、ヘンデル、ヴィヴァルディ、スカルラッティ、ラモーらの作品を含む約六七〇〇点に上る大量の楽譜を蒐集していた。

なかでもウィーンにおける過去の作曲家と作品の価値の見直しに最大の影響力を発揮したのは、ラファエル・キーゼヴェッターであった。彼は一八一七年より音楽院の理事、一八一四年以降には楽友協会の会員、一八二一年から一八四三年までは同協会の副会長といった要職に就き、ウィーンの音楽界の方向性を決定する人物の一人であった。楽友協会は一八一五年以降、毎年数回の半公開の演奏会を小レドゥーテンザールで開催するようになっていたが、会員以外の者の注目も引いたため、第三回の演奏会は大レドゥーテンザールで催された。協会の設立を提案した政府高官のイグナツ・モーゼルが、その大きな目的の一つとして「クラシックな作品」の定期的な演奏と明記したこともあり、ヘンデルのオラトリオ、モーツァルトの交響曲、アントン・パウル・シュタードラーとロッシーニの声楽曲などといったプログラムの定番に加え、一八三五年まではほぼ毎年ベートーヴェンの作品も演奏された。

キーゼヴェッターは一八一六年前後から、音楽史の著述のために、宗教音楽とオペラとを中心として、大々的に過去の楽譜の蒐集を始めている。同時に、苦心の末に入手した作品の楽譜を実演するため、自宅で頻繁に音楽サロンを開いた。彼のこうした努力にインスピレーションを与えたとされるのは、一つにはロンドンの古楽アカデミーであり、また一つには、ベルリンの「ジング・アカデミー」であった。後者は、一七九一年以降、作曲家のカール・フリードリヒ・ファッシュの主宰により始められ、とりわけバッハの作品の演奏に力点を置いた組織であった。キーゼヴェッター自身によって「古今のクラシックな教会音楽の演奏会」と呼ばれた彼のサロンは、一八三八年まで年間六回前後開かれた。その特色のひとつは、存命中の作曲家の作品が除外された点にあり、そこでは主に、ベネデット・マルチェッロ、ジョヴァンニ・ダ・パレストリーナ、カルダーラ、ハッセ、バッハらの曲が披露された。費用と会場の狭さという制約から、声楽曲はアカペラか、少人数の器楽合奏の伴奏により演奏された。しかし、小サロンとはいえ、その聴衆には様々な身分と職業の者が含まれていたようで、シューベルトとショパンも訪れたという記録が残されている。

ここにモーゼルやキーゼヴェッターのいう「クラシック」(形容詞は「クラシッシュ」)とは、十八世紀末以降、様々な記録や新聞などに頻出した用語である。それは、なんらかのジャンルや様式を特定する語ではなく、また日本語訳の「古典」に含意される「古さ」をとくに意味する語でもない。たとえば一八一七年のウィーンの『一般音楽新聞』は、そのわずか四年前に初演されたベートーヴェンの交響曲第七番を「まことにクラシッシュな音楽作品」と称賛をこめて表している。また、遡って一八〇一年のライプツィヒの『一般音楽新聞』にも、ハイドンの『四季』と『天地創造』を絶賛して「クラシック」と評する記事が見受けられる。これらの「クラシック」とは、もともとは古代ギリシアとローマの美術や、音楽の分野ではフックスの教則本などを形容する用語として出現し、守るべき「規範」、倣うべき「模範」を指す概念であった。またこの語には「不滅」や「不死」の意味も含まれ、

「古様式」で書かれた宗教作品と同様、「クラシッシュ」な作品とは、教会と神の特徴である永遠に朽ちることのない真理と価値を保有しているものと評価される作品にほかならなかった。それはまさにキーゼヴェッターのサロンで宗教音楽が中心に据えられた理由の一つであった。

かくして、ウィーンでの楽壇の「クラシック化」は急速な進捗をみた。十九世紀以降、ルネサンスとバロックの作品よりも、「我々のハイドン、モーツァルト、ベートーヴェン」と称された作曲家たちの作品こそが「規範的」、つまり「クラシッシュ」と見なされるようになった。その背景として、むろん当時いちじるしく高揚しつつあったナショナリズムを見逃すことはできない。一八一七年のウィーンの『一般音楽新聞』にはキーゼヴェッターが開いたサロンの事情を報道する記事が掲載されているが、そこにも、ナショナリスティックな自己礼讃の影は濃い。いわく、数十年にわたる国民の研鑽と教育の結果、いまや首都には「グルック、ハイドン、モーツァルト、ベートーヴェンの栄誉に相応しい」音楽文化が誕生を見たというのであった。

ヨーロッパ音楽界の多極化

「クラシック」という観念が音楽史の舞台に登場した頃以降、帝都を訪れる音楽家たちは、かつてのモーツァルトやベートーヴェンとは違い、そこに長く居つくことはなかった。たとえば、一八〇二年にここで演奏会を開いたアイルランド出身の作曲家・ピアニストのジョン・フィールドは、短期間アルブレヒツベルガーから対位法の指導を受け、ベートーヴェンにも面会しながらも、すぐにサンクトペテルブルクとモスクワに活躍の本拠地を移している。翌年には、十七歳のヴェーバーがアッベ・フォーグラーに作曲を師事するためウィーンに居を定めたが、間を置かずにドイツに舞い戻っている。その後もシュポーア、フンメル、メンデルスゾーン、シューマン、ショパン、ワーグナーなども、ウィーンで数か月か数年間過ごした後、ウィーンを去っている。こうした流れから察するに、この時期のウィーンからは、大勢の優れた才能を持つ外国人を惹き付ける「吸引力」がすでに失われてしまったかに見える。

彼らが首都に定住しなかった理由としては、まずオーストリアの政治・経済条件全般が良好とはいえなくなったことがあげられよう。経済はナポレオン戦争で疲弊し、凄まじいインフレに見舞われた。一八一一年二月には、ハプスブルク政権は国家財政の破綻を宣言し、様々な対策が取られたあげく、一八一六年六月にも再度破綻の瀬戸際に立たされ、抜本的な通貨改革を余儀なくされた。戦争終結にともない、ウィーン会議を主宰した外相のメッテルニヒは宰相に就任し、検閲を徹底しながら弾圧的な復古政治を強行し、ウィーンは一八四八年まで続くいわゆる「ビーダーマイヤー期」に突入した。

こうした外在的な要素に加え、多くの作曲家や演奏家のウィーン定住を阻んださらに重要で直接的な原因は、いまや音楽家や演奏家にとって、一つの都市に長く滞留して拠点を作るよりは、マーケットの呼びかけに応じて、ヨーロッパ中を飛び回りながら、欧州全土の市場を利用することが得策となった事実である。十九世紀になると音楽家たちの国際的な活躍の場が、かつてのように諸国の宮廷や貴族の宮殿の所在地であった時代とは異なり、むしろ国境線に制約されることを知らないブルジョワジーの資本が集中する都市となった。ウィーンに住み慣れたベートーヴェンやシューベルトはそのまま首都に残った一方で、これから音楽でキャリアを積もうとする野心的な若い外国人音楽家たちは、ホーフカペレに入団したり、貴族に雇用されたりする夢を抱くのではなく、音楽の商品化がより進んでいたロンドン、パリ、ドイツの都市などで立身出世を目指すようになった。

音楽文化の商品化の面で抜きんでていた都市は、商業の最先進国、ピアノ製作と楽譜出版でも最先端を走り、そして演奏会大国イギリスの首都ロンドンであった。ヨハン・クリスティアン・バッハがロンドンに移住したのは一七六二年のことであり、彼はそこで楽譜の著作権に関する闘争に勝訴し、その結果、作曲の商業化が劇的に促進された。一七八〇年代、ロンドン在住のムツィオ・クレメンティは、ヨーロッパ中にピアニスト、作曲家、教師、楽譜出版者、楽器製作者として名声を轟かせた。あるいは一七九〇年代のロンドンで、ハイドンが巨額の報酬を得たことは先述したとおりである。ベートーヴェンの高弟のフェルディナント・リースもウィーンを離れ、一八一三年より十一年間ロンドンに暮らし、またウィーンの名ピアニストのイグナツ・モシェレスも一八二二年よりロンドンでの目覚ましい音楽活動を開始している。

もう一つ、同時代に煌びやかな音楽文化の光を放ったのはパリであった。ウィーンでも人気の高いオペラを多数作ったイタリア人のルイジ・ケルビーニとガスパーレ・スポンティーニは、ともにパリに本拠地を置いていた。一八三〇年代以降のグランド・オペラの黄金時代になると、パリの音楽界はさらに隆盛を極め、バレエの地としても相変わらずの活況を呈していた。地元のベルリオーズが相次いで名作を発表し、ショパンとリストもパリに落ち着き、一八三〇年代には、パガニーニとワーグナーもこの地を舞台に活発な創作活動を展開した。パリ在住であった詩人のハインリヒ・ハイネは一八四三年、「我々の生活の一切は音楽の中に溺れている」と述懐している。彼が、「毎年冬になると、ピアノのヴィルトゥオーソたちがバッタの大群のようにパリを襲ってくる」と書いていることから、やはり当時随一の「ピアノ大国」はウィーンではなくパリであったことが分かろう。ウィーンでは、かろうじて舞曲とオペレッタの分野でシュトラウス親子が華麗な花を咲かせてはいたが、当時すでに帝都は将来が期待される新しい音楽文化を生み出す力を失ってしまっていたのである。

ウィーンが再び音楽史に重要な役割を演じるのは十九世紀後半のことになろう。ドイツのブラームス、リンツのブルックナー、スロヴェニアのヴォルフ、ボヘミアのマーラーなどが皆ウィーンに渡来し、後期ロマン派の音楽文化の土台を築き上げることになる。しかし、それは「音楽の都」の誕生とは全く別の話といわなければならない。

あとがき

著者が史実の客観的な語りを目指したとしても、そこには必ず自身の個人的な体験と歴史が反映される。本書も、私とオーストリアの音楽文化との長い付き合いの中から生まれ、それが対象の捉え方に影響しているにちがいない。私の父はモーツァルトの生家より北東約五〇〇メートルの地に生まれ育ち、母はハイドンが長く暮らしていた旧エステルハージ領の出身である。戦後、二人はウィーンで出会い結婚し、劣悪な経済事情を回避するために、移民としてアメリカに赴いた。両親は、常日頃オーストリアの欠点をあげつらいながらも、家庭生活においては母国の文化をそっくりそのまま新大陸に移植しようと試み、絶えず子供たちに伝承しようと努力したようである。その結果、私はアメリカにあってオーストリア方言、料理、生活習慣、そしてウィーン古典派の音楽に囲まれて育った。英語と米国文化には学齢に達するまでほとんど接することなく、両親に連れられて繰り返し訪れたウィーンでも、外国に来たという意識を持つことは毛頭なかった。

その両親から独り立ちしてから、かれこれ五十年が経過した。そして十二年前あたりからだろうか、幼少の頃から聴いた音楽、その後ピアノで演奏してきた作品、あるいは日本と米国の大学で講義したウィーンの音楽について、その時代背景をもう少し深く掘り下げたいという気持ちが次第に強まった。そのため夏休みを利用して毎年のようにウィーンに飛び、昼間は図書館、文書館、博物館などで史料を読み漁り、夜はオペラや演奏会などを愉しみ、十八世紀のウィーンの歴史や雰囲気をより正確に把握するよう努めてきた。やがて思いがけない無数の小さな発見を自分の中に閉じ込めてしまうのはもったいないと感じるようになった。また大学の定年退職を目前に控えて、日本の読者やこれまで私が日本で教えてきた学生たちへの些細な置き土産を残せるならば、これに越したことはないと思いたり、本書の執筆にとりかかった。

このような個人的背景もあるため、ウィーンの音楽史を書くにあたり、観光産業などが期待するであろうウィーン礼讃的な著作はどうしても避けたかった。思うに、ハイドン、モーツァルト、ベートーヴェン、シューベルトらの傑作の多くは、もっぱらウィーンという都市の美点からのみ誕生したわけではなく、むしろウィーンの好ましからざる実態があったにもかかわらず生まれたという面もある。したがって、それらの作品の多くも単にウィーンの肯定的状況を反映したのではなく、ウィーンの歴史と現状に対する鋭い批判もそこには込められていた。そしてこれら過去の傑作は、このような二面性を秘めていたからこそ、他の場所と時にあっても多くの聴衆を感動させる力を持ち続けているわけである。

この両面性を具体的に示すためには、個別の曲の分析も不可欠であろうが、本書ではあえて主に社会史の立場から論じた。そのため本書を読んだからといって、ある作品の聴き方がすぐに変化するわけではないであろうが、聴き手の歴史意識が少しでも深化することを著者としては期待している。というのは、現代の日本の聴衆には、音楽に対する歴史意識こそが危機的に欠如していると日ごろから感じてきたからである。この国のマスメディアと音楽産業は、およそ一二〇〇年の歴史をもち、無数の様式と形式を含む多様な音楽を「クラシック」という「ジャンル」にひと括りにし、演歌、歌謡曲、ロックなどと並列させている。本書の主題である十八世紀後半のウィーンの音楽も、そのような分類を通して消費者に提供されている。この戦略を無批判的に受け止める者は「ジャンルを問わない」、「偏見のない」、「視野が広い」という理想的な聴衆として見なされているが、このような立場からは、十八世紀後半以降のウィーンで作られた音楽をその成立の背景を含めて正しく理解することは全く不可能である。

この歴史意識の欠如とは逆に、硬直した強すぎる歴史意識を持つ者もいる。これらの人々はおうおうにして「オーセンティック」な演奏は作曲当時の事情が忠実に再現されなければならないと主張するが、その際、我々の耳の感覚を二〇〇年前にリセットすることはとうてい無理であることは忘れているようである。ハイドンの時代には「豪華」で「豊かな」響きと感じられた楽器の音は、現代人にとって繊細で透明に聞こえ、モーツァルトの作品は当時「音が多すぎる」と批判されたにもかかわらず、現在では「余計な音一つない」と称賛されているのである。数世紀前の一風変わった和声、斬新なリズム、革命的な形式などは、いまやそのすべてに聴衆が慣れてしまい、もとの効果を取り戻そうとすることは非現実的である。また時間的に後で書かれた作品は、それに先行する音楽の意味を遡及的に変更しているという事情もある。例えばベートーヴェンの作品が誕生した後になってはじめて、一七八〇年代にはまだ誰も想像できなかったハイドンの交響曲に秘められている可能性が明らかとなったというように。

それを敏感に察知し、作品解釈を強引に「現代的」あるいは「個性的」に表層的な新味を付ける演奏者も、またそれを喜ぶ聴衆も少なくない。モーツァルトのオペラなどの舞台設定を米国のキャンプ場に置き換えたり、半世紀前にはショッキングと感じられた軍服やビジネス・スーツなどを歌手に着せたり、裸で登場させたりすることは、つねに独創性を追求しようとする演出家の意図に反して、かえってつまらないマンネリと化していよう。しかも、このような演出に、十八世紀の音の忠実な再現を試みる古楽演奏のオーケストラが伴うことすらある。その滑稽な矛盾は誰も指摘しない。同様なことは器楽演奏の場合にも見られる。たとえば、軽快な性格を持つ曲をいまだ誰も聴いたことのないような遅い速度で演奏したり、作曲家の指示を意図的に無視したりすることがある。悪いことに、そうした演奏を、評論家や音楽産業が「天才的」、「個性的」と持ち上げることも少なくない。

こうした幼稚な歴史観の矛盾、ナンセンスを避けるための対処法は、やはり、音楽の歴史をより深くかつ正確に理解すること以外にはない。そのためには、十八世紀のウィーンの文化史を単に啓蒙主義の影響、市民の価値観の移り変わり、演奏と芸術作品の受容と供給の関係の変化などの現象に即して説くのみでなく、長く深く根付いていた封建的社会が、資本主義的生産様式と商品市場に支配される仕組みを取り入れる過程にも目を向けなければならない。この大きな潮流を体験した音楽家たちの感性の生成、作曲動機、演奏の意図、作品から期待された効果などを問い直し、それを現在の社会的・文化的事情に照らし合わせ、接点を探り、相互に批判することが求められている。新しい意味は外部より作品に勝手な「解釈」を押し付けることにより生じるものではなく、作品に深く入り込む過程からのみ誕生する。そして正しい歴史認識は現在と過去との間の終わりのない往還からのみ生じてくる。本書が、この難しいプロセスに少しでも貢献できたら幸いである。

こうした思惑の実現に成功したかどうかは、読者の判断に任せたい。私が自ら意図したことをより分かりやすく伝えるために、多くの方々のご助言とご教示に恵まれた。まず過去にも何度も拙い表現の添削をお願いし、今回も推敲にあたり大変な作業にもかかわらず、快く手を貸して下さった古矢旬氏に感謝したい。本書の出版計画を引き受けて下さった岩波新書編集部、とりわけ島村典行氏および吉田裕氏にも心よりお礼申し上げたい。最後に、十回以上もウィーンに同伴し、校閲に苦心を重ね、何度も匙を投げようとしていた私を激励しつづけてくれた妻の小百合にも記して謝意を表したい。

［付記］本稿は科学研究費基盤研究（C）（課題番号20K01056、代表ジェラルド・グローマー）の助成を受けた研究成果の一部である。

主要参考文献

【同時代の記録と著作】

Addressen-Buch von Tonkünstlern Dilettanten Hof- Kammer- Theater- und Kirchenmusikern. Wien: Anton Strauss, 1823.

Anon. *Almanach des Theaters in Wien*. Wien: Kurzböck, 1774.

Anon. *Bemerkungen oder Briefe über Wien eines jungen Bayern auf einer Reise durch Deutschland an eine Dame von Stande*. Leipzig: Baumgärtnersche Buchhandlung, 1804.

Anon. *Neuestes Sittengemählde von Wien*. Wien: Anton Pichler, 1801.

Anon. *Nützliches Adreß- und Reisebuch oder Archiv der nöthigsten Kenntnisse von Wien für reisende Fremde und Inländer*. Wien: Joseph Gerold, 1792.

Anon. *Répertoire des Theatres de la ville de Vienne depuis l'année 1752 jusqu'à l'année 1757*. Wien: Jean Leopold de Ghelen.

Anon. *Sicheres Addreß- und Kundschaftsbuch für Einheimische und Fremde, welche vorläufige Kenntniß von der Haupt- und Residenzstadt Wien haben wollen*. Wien: Gerold, 1797.

Anon. *Über die Kirchenmusik in Wien*. Wien: Sebastian Hartl, 1781.

Anon. *Vertraute Briefe zur Charakteristik von Wien*. 2 Bände. Görlitz: Hermsdorf und Anton, 1793.

Anon. *Vollständiges Auskunftsbuch, oder einzig richtiger Wegweiser in der k. k. Haupt- und Residenzstadt Wien*. Wien: Joseph Gerold, 1803-1808.

Arndt, Ernst Moritz. *Reisen durch einen Theil Teutschlands, Ungarns, Italiens und Frankreichs in den Jahren 1798 und 1799*. 2 Bände. Leipzig: Herinrich Gräff, 1804.

Burney, Charles. *The Present State of Music in France and Italy*. 2nd edition, corrected. London: T. Becket 1773（1st ed. 1771）.

Burney, Charles. *The Present State of Music in Germany, the Netherlands, and the United Provinces*. London: T. Becket, 1773（2nd ed., 1775）. チャールズ・バーニー著，小宮正安訳『チャールズ・バーニー音楽見聞録　ドイツ篇』春秋社，2020年の和訳がある．

Costa, António da. *Drei Sonaten für drei Violinen: bezeichnet No. IV-VI [und] Canoni*. Österreichische Nationalbibliothek, Musiksammlung（Mus. Hs. 3789）. https://imslp.org/wiki/3_Sonatas_for_3_Violins_(Costa%2C_Ant%C3%B3nio_da)

Czerny, Carl, and Ernest Sanders. "Recollections from My Life." *The Musical Quarterly*, 42.3（July 1956）: 302-317.

de Faifve, Jean Thedor Gontier. *Almanach von Wien zum Dienste der Fremden, oder historischer Begriff der anmerkungswürdigsten Gegenstände dieser Hauptstadt*. Wien: Kurzböck, 1774.

de Luca, Ignaz. *Beschreibung der kaiserlich königlichen Residenzstadt Wien: Ein Versuch*. Wien: Joseph Edlen von Kurzbeck, 1785.

de Luca, Ignaz. *Topographie von Wien*. Erster Band. Wien: Thad. Edlen v. Schmidbauer, 1794.

de Luca, Ignaz. *Wiens gegenwärtiger Zustand unter Josephs Regierung*. Wien:

Wucherer, 1787.
Dies, Albert Christoph. *Biographische Nachrichten von Joseph Haydn*. Wien : Camesina, 1810.
Dittersdorf, Karl von. *Lebensbeschreibungen*. Leipzig: Breitkopf und Härtel, 1801.
Fekete de Gálantha, Johann [János]. *Esquisse d'un tableau mouvant de Vienne, Tracé par un cosmopolite*. Paris?: 1787.
Forster, Georg. *Georg Forsters Werke: Sämtliche Schriften, Tagebücher, Briefe*. 14. Band. Briefe 1784–Juni 1787. Berlin: Akademie-Verlag, 1978.
Friedel, Johann. *Briefe aus Wien verschiedenen Inhalts an einen Freund in Berlin*. 2 Bände. Leipzig und Berlin: 1784–1785 (1. Aufl. 1783, 2. u. 3. verb. Aufl. 1784).
Friedel, Johann. *Galanterien Wiens, auf einer Reise gesammelt, und in Briefen geschildert von einem Berliner*. 2 Bände. 1784.
Gaheis, Franz Anton de Paula. *Entwurf eines Instituts für blinde Kinder*. Wien: Blinden-Erziehungs-Institute, 1904.
Griesinger, Georg August. *Biographische Notizen über Joseph Haydn*. Leipzig: Breitkopf und Härtel, 1810.
Guibert, G[=Jacques] A[ntoine] H[ippolyte]. *Journal d'un voyage en allemagne fait en 1773*. 2 vols. Paris: Treuttel et Würtz, 1803.
Gyrowetz, Adalbert. *Biographie des Adalbert Gyrowetz*. Wien: Mecharisten Buchdruckerei, 1848.
Hettrick, William E. "The Autobiography of Adalbert Gyrowetz (1763–1850)." *Studien zur Musikwissenschaft*, 40 (1991): 41–74.
Historisches Taschenbuch. Mit besonderer Hinsicht auf die östreichischen Staaten. Erster Jahrgang: Geschichte des Jahres 1801. Wien: Doll, 1805.
Hof- und Staats-schematismus der röm. Kais. auch kais. königlich- und erzherzoglichen Haupt- und Residenzstadt Wien. Wien: Gerold, 1778, 1784, 1794.
Kelly, Michael. *Reminiscences of Michael Kelly, of the King's Theatre, and Theatre Royal Drury Lane*. London: H. Colburn, 1826.
Khevenhüller-Metsch, Johann Josef. *Aus der Zeit Maria Theresias: Tagebuch des Fürsten Johann Josef Khevenhüller-Metsch, kaiserlichen Obersthofmeisters 1742–1776*. 5 Bände. Wien: Adolf Holzhausen, 1907.
Klein, Johann Wilhelm. *Beschreibung eines gelungenen Versuches blinde Kinder zur bürgerlichen Brauchbarkeit zu bilden*. Zweyte Auflage mit Zusätzen. Wien 1807 (1805).
Küchelbecker, Johann Basilius. *Johann Basilii Küchelbeckers allerneueste Nachricht vom Römisch-Käyserl. Hofe, nebst einer ausführlichen historischen Beschreibung der Kayserlichen Residenz-Stadt Wien, und der umliegenden Oerter*. Hanover: Nicolas Förster, 1730.
Maier, C. *Über das Nationaltheater in Wien*. [Wien], 1782.
Montagu, Mary Wortley. *Letters of the Right Honourable Lady M—y W—y M—e, Written, during her Travels in Europe, Asia and Africa*. 3 vols. London: T. Becket and P. A. De Hondt, 1763.
Mozart, Wolfgang Amadeus. *Mozart: Briefe und Aufzeichnungen, Gesamtausgabe*. 8 Bände. Kassel. Bärenreiter, 2005. 和訳には，高橋英郎／海老沢敏(編)『モーツァルト書簡全集』(全 6 巻)白水社，1976 年〜2001 年参照.
Musikalische Korrespondenz der Teutschen Filharmonischen Gesellschaft. Julius bis Dezember, 1790. Speier.

Neiner, Johann Valentin. *Vienna Curiosa & Graciosa, Oder das anjetzo Lebende Wienn*. Wien: Truck und Verlag Joann. Baptistae Schilgen, Universitätischen Buchtruckers, 1720.

Nicolai, (Christoph) Friedrich. *Beschreibung einer Reise durch Deutschland und die Schweiz, im Jahre 1781*. 5 Bände. Berlin und Stettin, 1783-1785.

Perinet, Joachim. *Annehmlichkeiten in Wien*. 3 Bände. Wien: Lukas Hochleitner, 1787-1788.

Perth, Matthias Franz. *Tage-Buch I* (Begebenheiten meines Lebens. 1803; Von ersten Juny bis 16. November)-*Tagebuch LVIII* (1. Juni 1855 bis 6. [19.] Februar 1856), 58 Bände. Wiener Stadt- und Landesbibliothek (Wienbibliothek im Rathaus). 音楽に関する 1803 年〜1820 年の記載は, Gerald Groemer, „Musikleben in Wien.“『山梨大学教育学部紀要』第 30〜33 巻(2019 年〜2022 年)参照.

Pezzl, Johann. *Charakteristik Josephs II, eine historisch-biographische Skizze*. Wien: Johann Paul Kraus, 1790.

Pezzl, Johann. *Neue Skizze von Wien*. 3 Hefte. Wien: J. B. Degen, 1805-1812.

Pezzl, Johann. *Skizze von Wien*. 6 Hefte. Wien und Leipzig: 1786 (1, 2), 1787 (3, 4), 1788 (5), 1790 (6).

Pfeffer und Salz. 2 Bände. Salzburg, 1786.

Pichler, Caroline. *Denkwürdigkeiten aus meinem Leben*. 4 Bände. Wien: A. Pichler's sel. Witwe, 1844.

Pichler, Caroline. *Zeitbilder*. Wien: Anton Pichler's sel. Witwe, 1839.

Pichler, Caroline. *Zerstreute Blätter aus meinem Schreibtische*. 2 Bände. Wien: Anton Pichler's sel. Witwe, 1843.

[Ratschky, Joseph Franz, nach 1781 mit Alois Blumauer u. A.] (Hg.). *Wienerischer Musenalmanach auf das Jahr 1777* [-1786, nach 1786, *Wiener Musen-Almanach*]. Wien: Kurzböck, 1778?-[1797?].

Reeve, Henry. *Journal of a Residence at Vienna and Berlin in the Eventful Winter 1805-6*. London: Longmans, Green, and Co. 1877.

Reichard, Heinrich August Ottokar. *Guide des voyageurs en Europe*. Tome troisième. Weimar: Bureau d'industrie, 1807.

[Reichard, Heinrich August Ottokar]. *Theater-Kalender auf das Jahr 1777*. Gotha: Wilhelm Ettinger, 1776.

Reichardt, Johann Friedrich. „Bruchstücke aus Reichardt's Autobiographie.“ *Allgemeine musikalische Zeitung*, 15.39(Sept. 1813): 601-616; 15.41(Oct. 1813): 665-674; 16.2(Jan. 1814): 21-34.

Reichardt, Johann Friedrich. *Vertraute Briefe geschrieben auf einer Reise nach Wien und den Oesterreichischen Staaten zu Ende des Jahres 1808 und zu Anfang 1809*. 2 Bände. Amsterdam: Kunst- und Industrie-Comtoir, 1810.

Richter, Joseph. *Bildergalerie weltlicher Misbräuche*. Frankfurt und Leipzig, n. p., 1785.

Richter, Joseph. *Briefe eines Eipeldauers an seinen Herrn Vetter in Kakran über d'Wienstadt*. Wien: 1785, 1787; 1794-1813. 1794 年以降は月刊雑誌.

Riesbeck, Johann Kaspar. *Briefe eines reisenden Franzosen über Deutschland. An seinen Bruder zu Paris*. 2 Bände. [Zürich], 1783.

[Röder, Philipp Ludwig Hermann]. *Reisen durch das südliche Teutschland*. Erster Band [4 Bände, 1789-1795]. Leipzig und Klagenfurt: S. L. Crusius und Friedrich Carl Walliser, 1789.

[Rosenbaum, Joseph Carl]. Radant, Else. *The Diaries of Joseph Carl Rosenbaum, 1770–1829. The Haydn Yearbook V*, Bryn Mawr: Theodore Presser (Wien: Universal), 1968.
Sander, Heinrich. *Beschreibung seiner Reise durch Frankreich, die Niederlande, Holland, Deutschland und Italien*. 2 Bände. Leipzig: Friedrich Gotthold Jacobaer und Sohn, 1784.
Schmeltzl, Wolffgang. *Ein Lobspruch der Hochlöblichen weitberümbten Khüniglichen Stat Wien in Osterreich*. [Wien]: [Singriener, Johann d. Ä.], [1548]. https://www.digital.wienbibliothek.at/wbrobv/content/titleinfo/2199993
[Schönfeld, Johann Ferdinand]. *Jahrbuch der Tonkunst von Wien und Prag*. [Prague]: Schönfeld, 1796.
Schubart, Christian Friedrich Daniel. *Ideen zu einer Ästhetik der Tonkunst*. Ludwig Schubart (Hg.), Wien: J. V. Degen, 1806.
Schulz, Friedrich. *Reise eines Liefländers von Riga nach Warschau*. Sechstes Heft. Berlin: Friedrich Vieweg, 1796.
Schwarz, [??]. *Über das Wiener Dilektanten-Konzert*. Wien: Sebastian Hartl, 1782.
Sonnenfels, Joseph von. *Briefe über die wienerische Schaubühne: aus dem Französischen übersetzt*. Wien: Kurtzböck, 1768.
Sonnleithner, Leopold von. „Musikalische Skizzen aus Alt-Wien." *Österreichische Musikzeitschrift*. 16.2 (Feb 1961): 49–62; 16.3 (März 1961): 97–110; 16.4 (April 1961): 145–157.
[Sonnleithner, Joseph]. *Theater Almanach für das Jahr 1794*. Wien: Kurzbeck, 1794?
[Sonnleithner, Joseph]. *Theater Almanach für das Jahr 1795*. Wien: Camesina, 1795?
[Weidmann, Paul]. *Die Bergknappen, ein Originalsingspiel von einem Aufzuge*. Wien, 1778.
Vogler, Abbé [Georg Joseph]. *Polymelos ou Caractères de musique de differentes nations: arrangés pour le piano-forte d'une manière trés facile à executer, avec un accompagnement de 2 violons, viole et basse ad libitum*. Spire [Speyer]: Bossler, 1791.
Vogler, Abbé [Georg Joseph]. *Polymelos pour le forte piano ave l'accompagnement d'un violon er violoncelle ad libitum*. München: Mac: Falter, 1806?
Vollkommener Bericht von der Beschaffenheit des Waisenhauses unserer lieben Frau auf dem Rennwege zu Wien in Oesterreich. Wien: Leopold Joh. Kaliwoda, 1774.
Weiskern, Friedrich Wilhelm. *Beschreibung der k. k. Haupt und Residenzstadt Wien*. Wien: Joseph Kurzböck, 1770.
Wekhrlin, Wilhelm Ludwig. *Denkwürdigkeiten von Wien*. Nördlingen: Beck, 1777.
Wiener Zeitung, 1703年〜1779年には*Wiennerisches Diarium*)
https://anno.onb.ac.at/cgi-content/anno?aid=wrz
Willebrandt, Johann Peter. *Historische Berichte und Practische Anmerkungen auf Reisen in Deutschland, in die Niederlande, in Frankreich, England, Dännemark, Böhmen und Ungarn*. Hamburg: Bohn, 1758.

【一　般】

Fritz-Hilscher, Elisabeth Th., Helmut Kretschmer (Hg.). *Wien Musikgeschichte: Von der Prähistorie bis zur Gegenwart*. Wien: Lit, 2011.
Heartz, Daniel. *Haydn, Mozart, and the Viennese School, 1740–1780*. New York: W.

W. Norton, 1995.
Heartz, Daniel. *Mozart, Haydn, and Early Beethoven, 1781-1802*. New York: W. W. Norton, 2009.
Heartz, Daniel. *Music in European Capitals: The Galant Style, 1720-1780*. New York: W. W. Norton, 2003.
Kisch, Wilhelm. *Wien. Die alten Strassen und Plaetze Wien's und ihre historisch interessanten Haeuser: ein Beitrag zur Culturgeschichte Wiens mit Rücksicht auf die vaterländische Kunst, Architektur, Musik und Literatur*. Wien: Gottlieb, 1883.
Österreichisches Musiklexikon online. https://www.musiklexikon.ac.at
Rice, John A. *Antonio Salieri and Viennese Opera*. Chicago: University of Chicago Press, 1998.
Wyn Jones, David. *Music in Vienna, 1700, 1800, 1900*. Suffolk: Boyden Press, 2016.
Zaslaw, Neal(ed.). *The Classical Era: From the 1740s to the End of the 18th Century*. London: Macmillan, 1989. ニール・ザスロー編『啓蒙時代の都市と音楽』樋口隆一監訳(西洋の音楽と社会 6, 古典派), 音楽之友社, 1996 年の和訳がある.
山之内克子『ハプスブルクの文化革命』講談社選書メチエ, 2005 年.

【はじめに】
Bucher, B[runo] und K[arl] Weiss. *Wien: Führer für Fremde und Einheimische. II Theil: Das heutige Wien*. Wien: Tendler: 1868.
Graf, Max. *Legend of a Musical City*. NY: Greenwood Press, 1969 [1945].
Link, Dorothea. "Vienna's Private Theatrical and Musical Life, 1783-92, as Reported by Count Karl Zinzendorf." *Journal of the Royal Musical Association*, 122 (1997), pp. 205-257.
Nußbaumer, Martina. *Musikstadt Wien: Die Konstruktion eines Images*. Freiburg im Breisgau: Rombach Verlag, 2007.

【第 1 章】
Geiringer, Karl, in collaboration with Irene Geiringer. *Haydn: A Creative Life in Music*. Berkeley, California: University of California Press, 1982. カール・ガイリンガー著, 山本哲五郎訳『ハイドン伝――その人と生涯』月刊ミュージック社, 1961 年の和訳がある.
Lorenz, Michael. "Mozart in the Trattnerhof" (Sep. 8, 2013).
https://michaelorenz.blogspot.com/2013/09/mozart-in-trattnerhof.html
Sandgruber, Roman. *Die Anfänge der Konsumgesellschaft. Konsumgüterverbrauch, Lebensstandart und Alltagskultur in Österreich im 18. und 19. Jahrhundert*. Wien: Verlag für Geschichte und Politik, 1982.

【第 2 章】
Angermüller, Rudolph. „Zwei Selbstbiographien von Joseph Weigl (1766-1846)." *Deutsches Jahrbuch der Musikwissenschaft*, 16 (1971): 46-85.
Biba, Otto. „Die Wiener Kirchenmusik um 1783." *Jahrbuch für österreichische Kulturgeschichte: Beiträge zur Musikgeschichte des 18. Jahrhunderts*, 1.2 (1971): 7-79
Edge, Dexter. "Mozart's Viennese Orchestras." *Early Music*, 20.1 (Feb. 1992): 64-

88.
Edge, Dexter. "Recent Discoveries in Viennese Copies of Mozart's Piano Concertos." In Neal Zaslaw(ed.), *Mozart's Piano Concertos: Text, Context, Interpretation*, pp. 51-65. Ann Arbor: University of Michigan Press, 1996.
Fortescue, John W. *A History of the British Army*. vol. 1. London: Macmillan, 1935 [orig. ed. 1899].
Fritz-Hilscher, Elisabeth Theresia, Hartmut Krones, Theophil Antonicek (Hg.). *Die Wiener Hofmusikkapelle II: Krisenzeiten der Hofmusikkapellen*. Wien: Böhlau, 2006.
Köchel, Ludwig Ritter von. *Die kaiserliche Hof-Musikkapelle in Wien von 1543 bis 1867*. Wien: Beck, 1869.
Kramářová, Helena. „Die Dommusik zu St. Stephan im 18. Jahrhundert: Institutionsgeschichte." *Musicologica Brunensia*, 54.1 (2019): 109-132.
Kramářová, Helena. „Die Dommusik zu St. Stephan im 18. Jahrhundert in sozialgeschichtlicher Perspektive." *Musicologica Brunensia*, 54.1 (2019): 145-166.
Melton, James Van Horn. "School, Stage, Salon: Musical Cultures in Haydn's Vienna." *Journal of Modern History*, 76.2 (June 2004), pp. 251-279.
Page, Janet K. *Convent Music and Politics in Eighteenth-century Vienna*. Cambridge: Cambridge University Press, 2014.
Pelker, Bärbel, und Rüdiger Thomsen-Fürst. *Georg Joseph Vogler (1749-1814). Materialien zu Leben und Werk unter besonderer Berücksichtigung der Pfalzbayerischen Dienstjahre*. 2 Bände (=Quellen und Studien zur Geschichte der Mannheimer Hofkapelle 6). Frankfurt am Main: PL Academic Research, 2016.
Steblin, Rita. „Haydns Orgeldienst ‚in der damaligen Gräfl. Haugwitzischen Kapelle.'" *Wiener Geschichtsblätter*, 65(2000): 124-134.

【第 3 章】

Hadamowsky, Franz. *Die Wiener Hoftheater (Staatstheater), 1776-1966: Teil 1, 1776-1810*. Wien: Georg Prachner, 1996.
Link, Dorothea. *The National Court Theatre in Mozart's Vienna: Sources and Documents, 1783-1792*. Oxford: Clarendon, 1998.
Michtner, Otto. *Das alte Burgtheater als Opernbühne: Von der Einführung des deutschen Singspiels (1778) bis zum Tod Kaiser Leopolds II. (1792)*. Wien: Österreichische Akademie der Wissenschaften, 1970.
大塩量平「18 世紀後半ウィーンにおける「劇場市場」の形成——宮廷劇場会計史料による需給分析を中心に」『社会経済史学』77 巻 4 号，589-608 頁，2012 年.
大塩量平「18 世紀後半ドイツ語圏における舞台芸術の「雇用市場」の生成——ウィーン宮廷劇場の俳優の社会的地位と雇用条件の事例分析から」『社会経済史学』48 巻 3 号，373-394 頁，2018 年.
武石みどり「18 世紀ウィーンにおけるジングシュピールの発展過程——時期区分の試み」『東京音楽大学研究紀要』11 号，26-44 頁，1986 年.
松田聡「18 世紀後半のウィーン宮廷劇場におけるジングシュピール」『大分大学教育福祉科学部研究紀要』29 巻 2 号，113-127 頁，2007 年.

【第 4 章】

Angermüller, Rudolph. „Antonio Salieri und seine ‚Scuola di canto.'" *Beethoven*

Studien: Festgabe der Oesterreichischen Akademie der Wissenschaften zum 200. Geburtstag von Ludwig van Beethoven, S. 37–50. Wien: Böhlau, 1970.

Biba, Otto. *Der Piaristenorden in Österreich: Seine Bedeutung für bildende Künste, Musik und Theater im 17. Und 18. Jahrhundert*. Eisenstadt: Selbstverlag des Instituts für österreichische Kulturgeschichte, 1975.

Black, David. "Mozart and Musical Discipline at the Waisenhaus." *Mozart-Jahrbuch 2006*, pp. 17–31. Kassel: Bärenreiter, 2007.

Buch, David. „Placidus Partsch, die Liedersammlung für Kinder und Kinderfreunde und die letzten drei Lieder Mozarts.“ *Acta Mozartiana* 59.1 (Januar 2012): 5–24.

Franzl, Franz. *Die Gesellschaft adeliger Frauen zur Beförderung des Guten und Nützlichen in Wien*. Wien: Carl Gerold, 1836.

Gericke, Hannelore. *Der Wiener Musikalienhandel von 1700 bis 1778*. Graz, Köln: Hermann Böhlaus Nachf., 1960.

Maunder, Richard. *Keyboard Instruments in Eighteenth-century Vienna*. Oxford: Oxford University Press, 1998.

Pohl, C. F. *Die Gesellschaft der Musikfreunde des österreichischen Kaiserstaates und ihr Conservatorium*. Wien: Wilhelm Graumüller, 1871.

Smith, Amand Wilhelm. *Philosophische Fragmente über die praktische Musik*. Wien: K. k. Taubstummeninstitutsbuchdruck[erei], 1787.

Wimmer, Constanze. „Die Hofmusikkapelle in Wien unter der Leitung von Antonio Salieri (1788–1824).“ *Studien zur Musikwissenschaft, 1999*, 47(1999): 129–214.

大崎滋生『楽譜の文化史』音楽之友社，1993 年．

【第 5・6 章】

Biba, Otto. „Beethoven und die ‚Liebhaber Concert‘ in Wien im Winter 1807/08.“ *Beiträge '76-78 : Beethoven-Kolloquium 1977 : Dokumentation und Aufführungspraxis*, S. 82–93. Rudolf Klein (Hg.), Kassel: Bärenreiter, 1978.

Grossegger, Elisabeth. *Theater, Feste und Feiern zur Zeit Maria Theresias, 1742–1776*. Wien: Österreichische Akademie der Wissenschaften, 1987.

Hanslick, Eduard. *Geschichte des Concertwesens in Wien*. Wien: Wilhelm Braumüller, 1869.

Jahn, Otto. *Life of Mozart*. Trans., Pauline D. Townsend. 3 vols. New York: Edwin F. Kalmus, 1882.

Kotter, Simon. *Die k. (u.) k. Militärmusik: Bindeglied zwischen Armee und Gesellschaft?* Augsburger historische Studien, 4. Band. Augsburg: Augsburg Univ. 2015.

Morrow, M. S. *Concert Life in Haydn's Vienna: Aspects of a Developing Musical and Social Institution*. New York: Pendragon, 1989.

Pohl, C. F. *Denkschrift aus Anlass des hundertjährigen Bestehens der Tonkünstler-Societät*. Wien: Selbstverlag des „Haydn,“ 1871.

Weber, Max Maria von. *Carl Maria von Weber: Ein Lebensbild*. 3 Bände. Leipzig: Ernst Keil, 1864–1866.

Witzmann, Reingard. *Der Ländler in Wien: Ein Beitrag zur Entwicklungsgeschichte des Wiener Walzers bis in die Zeit des Wiener Kongresses*. Wien: Arbeitsstelle für den Volkskundeatlas in Österreich, 1976.

Wuchner, Emily M. *The Tonkünstler-Societät and the Oratorio in Vienna 1771–1798*. Ph.D. dissertation, University of Illinois at Urbana-Champaign, 2017.

大塩量平「1780年ウィーン貴族社会における演奏会需要――イタリアオペラと演奏会の代替関係に関する分析」『教養諸学研究』(早稲田大学政治経済学部教養諸学研究会)144巻，1-24頁，2018年.
宮本直美『コンサートという文化措置――交響曲とオペラのヨーロッパ近代』岩波書店，2016年.

【終　章】

Flotzinger, Rudolf. „Herkunft und Bedeutung des Ausdrucks ‚(Wiener) Klassik.'" In Gernot Gruber (Hg.). *Wiener Klassik. Ein musikgeschichtlicher Begriff in Diskussion* (Wiener Musikwissenschaftliche Beiträge, 21. Band), S. 41-52. Wien: Böhlau Verlag, 2002.
Heine, Heinrich. *Sämmtliche Werke*. Sechster Band: *Vermischte Schriften* (*Zweite Abtheilung*). Philadelphia: John Weik, 1856.
Thayer, Alexander Wheelock. *Thayer's Life of Beethoren*, 2 vols. Rev. and ed. Elliot Forbes. Princeton: Princeton University Press, 1964.

図版出典一覧

地図　*Almanach von Wien zum Dienste der Fremden*. Wien: Kurzböck, 1774.

図1　Caroline Pichler, *Denkwürdigkeiten aus meinem Leben*, erster Band. München: Müller, 1914.

図1-1　American Beethoven Society, http://digitalcollections.sjlibrary.org/cdm/ref/collection/sjsuLVBhome/id/194

図1-2　Wilhelm Kisch, *Die alten Straßen und Plätze Wien's und ihre historisch interessanten Haeuser*. Wien: Gottlieb, 1883.

図1-3　American Beethoven Society, http://digitalcollections.sjlibrary.org/cdm/ref/collection/sjsuLVBhome/id/192

図1-4　Wilhelm Kisch, *Die alten Straßen und Plätze Wien's und ihre historisch interessanten Haeuser*. Wien: Gottlieb, 1883.

図2-1　https://en.wikipedia.org/wiki/Il_Parnaso_confuso#/media/File:Johann_Franz_Greipel_-_Il_parnaso_confuso.jpg

図2-2　https://en.wikipedia.org/wiki/Florian_Leopold_Gassmann#/media/File:Florian_Leopold_Gassmann_by_Balzer.jpg

図2-3　Joseph Edler von Kurzböck, *Neueste Beschreibung aller Merkwürdigkeiten Wiens*. Wien, Selbstverlag, 1779

図2-4　Salomon Kleiner, *Des florirenden vermehrten Wiens Fernere Befolgung oder Wahrhaffte und genaue Abbildung Derer in dieser Kayserl. Residenz-Statt, ingleichen in denen umliegenden Vorstätten, so wohl Geistlich-als Weltlichen meistens neu aufgeführten Gebäuden*. 4. Teil. Augsburg: Johann Andreas Pfeffel, 1737.

図2-5　https://en.wikipedia.org/wiki/Joseph_Franz_von_Lobkowitz#/media/File:%C3%96lenhainz_-_Franz_Joseph_Maximilian_von_Lobkowitz.jpg

図2-6　Wilhelm Kisch. *Die alten Strassen und Plaetze Wien's und ihre historisch interessanten Haeuser*. Wien: Gottlieb, 1883.

図2-7　https://opusdei.org/de/article/stephansdom-heilige-maria-stern-des-ostens-hilf-deinen-kindern/

図2-8　https://en.wikipedia.org/wiki/Georg_Joseph_Vogler#/media/File:Georg_Joseph_Vogler.jpg

譜例2-1　Österreichische Nationalbibliothek 蔵. António da Costa, „Drei Sonaten für drei Violinen: bezeichnet No.IV-VI [und] Canoni" (Mus. Hs. 3789). http://data.onb.ac.at/rec/AC14257287

譜例2-2　Abbé [Georg Joseph] Vogler, *Polymelos ou Caractères de musique de differentes nations*, Spire [Speyer]: Bossler, 1791.

図3-1　https://commons.wikimedia.org/wiki/Category:Angelica_vincitrice_di_Alcina#/media/File:Arolsen_Klebeband_15_023.jpg

図3-2　https://i0.wp.com/josephjoachim.com/wp-content/uploads/2013/06/kc3a4rntnertortheater.jpg

図3-3　https://de.wikipedia.org/wiki/Gottfried_Prehauser#/media/Datei:Gottfrie

d_Prehauser.jpg

図 3-4 https://artsandculture.google.com/asset/michaelerplatz-und-altes-burgtheater-karl-sch%C3%BCtz/RQEBSvoOC5OS3g?hl=en

図 3-5 Noverre, *Lettres sur les arts imitateurs* の口絵. Paris, Collin, The Hague, Immerzeel, 1807.

図 3-6 https://collections. mfa. org/objects/631182

図 3-7 https://commons.wikimedia.org/wiki/File:Ga%C3%ABtan_Vestris_dans_Jason_et_M%C3%A9d%C3%A9e.jpg

図 3-8 *Litteratur- und Theater-Zeitung*, Berlin, 1779 年 4 月 24 日, 266 頁.

図 3-9 https://en.wikipedia.org/wiki/Wenzel_M%C3%BCller

図 3-10 Joseph Edler von Kurzböck, *Neueste Beschreibung aller Merkwürdigkeiten Wiens*. Wien, Selbstverlag, 1779

譜例 3-1 https://imslp.org/wiki/Wer_niemals_einen_Rausch_gehabt_(M%C3%BCller,_Wenzel)

図 4-1 https://commons.wikimedia.org/wiki/File:Salomon_Kleiner-Jesuitenkirche.jpg

図 4-2 Wilhelm Kisch, *Die alten Straßen und Plätze Wien's und ihre historisch interessanten Haeuser*. Wien: Gottlieb, 1883.

図 4-3 Joseph Richter, *Bildergalerie weltlicher Misbräuche*. Frankfurt und Leipzig, n. p., 1785.

図 4-4 Johann Joseph Fux, *Gradus ad Parnassum*, Leipzig: Mizler, 1742.

図 5-1 https://imslp.org/wiki/Piano_Trio_in_E-flat_major,_Hob.XV:10_(Haydn,_Joseph)

譜例 5-1 *Wiener Musenalmanach*, 1785.

図 6-1 https://en.wikipedia.org/wiki/Mozart_and_dance#/media/File:GrosseRedoutensaal_ImperialPalaceVienna.jpg

図 6-2 *Wiener Bilder aus der Jugendzeit unseres Kaisers, Zur Feier des 80-jährigen Geburtzstages seiner Majestät des Kaisers Franz Josef I*. Gemeinderate der Stadt Wien; Gerlach & Wiedling, 1910.

図 6-3 https://commons.wikimedia.org/wiki/File:Salomon_Kleiner_Hofbibliothek_am_Josefsplatz_in_Wien.png

図 6-4 American Beethoven Society, http://digitalcollections.sjlibrary.org/cdm/ref/collection/sjsuLVBhome/id/181

作品名・人名一覧

【作品，著作，新聞雑誌など】

『アイペルダウアーの手紙』 *Briefe eines Eipeldauers an seinen Herrn Vetter in Kakran über d'Wienstadt*
『アナクレオン』 *Anacreon*
『アルチェステ』 *Alceste*
『アルチーナに勝利するアンジェリカ』 *Angelica Vincitrice di Alcina*
『アレクサンダーの饗宴』 *Alexander's Feast*
『アンフィトリオン』 *Amphitryon*
『医師と薬剤師』 *Doktor und Apotheker*
『一般音楽新聞』 *Allgemeine musikalische Zeitung*(2種あり，Leipzig, Wien)
『イル・パルナッソ・コンフーソ』 *Il parnasso confuso*
『イル・バローネ(・ディ・ロッカ・アンティコ)』 *Il barone di Rocca antica*
『ヴァイオリン奏法』 *Versuch einer gründlichen Violinschule*
『ウィーン演劇年鑑』 *Wiener Theater Almanach*
『ウィーン新聞』 1703年より *Wien[n]erisches Diarium*; 1780年以降 *Wiener Zeitung*
『ウィーンの演劇年鑑』 *Theatralalmanach von Wien*
『ウィーンの教会音楽について』 *Über die Kirchenmusik in Wien*
『ウィーンの小紙』 *Wiener Blättchen*
『ウィーンの特徴に関する親書』 *Vertraute Briefe zur Charakteristik von Wien*
『ウナ・コサ・ララ』(『椿事』) *Una cosa rara*
『エゲーリア』 *Egeria*
『演劇暦』 *Theater-Kalender*
『オルフェオとエウリディーチェ』 *Orfeo ed Euridice, Orphée et Eurydice*
『歌唱学』 *Gesang-Lehre*
『歌唱教本』 *Scuola di canto in versi e i versi in musica*
『完全なる楽長』 *Der vollkommene Capellmeister*
『寛大なトルコ人』 *Le Turc généreux*
『クラヴィア奏法』 *Die Kunst das Clavier zu spielen*
『グラドゥス・アド・パルナッスム』 *Gradus ad Parnassum*
『劇場支配人』 *Der Schauspieldirektor*
『坑夫たち』 *Die Bergknappen*
『胡椒と塩』 *Pfeffer und Salz*
「この年は」(回勅) "annus qui hunc"
『音楽実践に関する哲学的断片』 *Philosophische Fragmente über die praktische Musik*
『子供のための盲学校に関する略案』 *Entwurf eines Instituts für blinde Kinder*
『時代絵図』 *Zeitbilder*(18世紀後半のウィーン：*Wien in der letzten Hälfte des achtzehnten Jahrhunderts*)
『ジャソーとメデー』 *Jason et Médée*
『新日曜日の子供』 *Das neue Sonntagskind*
『跛行する悪魔』 *Der krumme Teufel*
『祖国新聞』 *Vaterländische Blätter*

『正しいクラヴィーア奏法への試論』 *Versuch über die wahre Art das Clavier zu spielen*
『ドイツ，ネーデルラントおよびオランダ共和国の音楽の現状』 *The Present State of Music in Germany, the Netherlands, and United Provinces*
『ドン・ジョヴァンニ』 *Don Giovanni*
『ドン・ファン』 *Don Juan*
『ファウスティン』 *Faustin Oder Das Philosophische Jahrhundert*
『舞踊とバレエについての手紙』 *Lettres sur la danse et les ballets*
『フルート奏法試論』 *Versuch einer Anweisung die Flöte traversiere zu spielen*
『プレスブルク新聞』 *Preßburger Zeitung*
『プロメテウスの創造物』 *Die Geschöpfe des Prometheus*
『平和新聞』 *Friedensblätter*
『ポリメロス，または諸国の音楽の特徴』 *Polymelos ou caractères de musique de différentes nations*
『盲目の子供達を役に立つ市民に育てあげた成功例の説明』 *Beschreibung eines gelungenen Versuches, blinde Kinder zur bürgerlichen Brauchbarkeit zu bilden*
「酔ったことのない人」 „Wer niemals einen Rausch gehabt"
『我が生涯からの思い出』 *Denkwürdigkeiten aus meinem Leben*

【主な固有名詞，名詞など】
アウガルテン離宮　Palais Augarten
アウフ・デア・ヴィーデン劇場　Theater auf der Wieden
アン・デア・ウィーン劇場　Theater an der Wien
インネレ・シュタット，インネンシュタット　Innnere Stadt, Innenstadt
ウィーン楽友協会　Gesellschaft der Musikfreunde in Wien
エードラー　Edler
王立歌唱学校　École Royale de Chant
音楽家の未亡人と孤児を扶助する会　Witwen- und Waisen-Versorgungs-Verein der Tonkünstler in Wien（音楽家協会の別名．または Gesellschaft der Wiener Tonkünstler zum Unterhalte ihrer Witwen und Waisen）
音楽家協会　Tonkünstler-Societät
「改革，諸聖人の聖遺物，聖なる図像について」 De invocatione, veneratione, et reliquiis sanctorum, et sacris imaginibus
楽友の協会　Gesellschaft von Musikfreunden
カペレ　Kapelle
「カペレ規則」 „Capell-Ordnung"
グラシー　Glacis
騎士協会　1786 年～1792 年に Gesellschaft der associierten Cavaliers（Cavaliere）か; 1799 年～1808 年に Gesellschaft der Associierten
貴族婦人の善と益を推進する協会　Gesellschaft adeliger Frauen zur Beförderung des Guten und Nützlichen in Wien
グラーフ　Graf
ケルントナートーア劇場　Kärntnertortheater, Theater am Kärntnertor, k. k. Hoftheater zu Wien
ゲレールター・シュティール　gelehrter Stil
国民的ジングシュピール　Nationalsingspiel
国立音楽院　Institut National de Musique
国家警備隊の自由学校　École Gratuite de la Garde Nationale

古今のクラシックな教会音楽の演奏会　Concerte für alte und neue classische Kirchenmusik
シュテファン聖堂　Stephansdom
シェーンブルン宮殿　Schloss Schönbrunn
主要の楽団　Hauptkapelle
シュヴァイツァーホーフ　Schweizerhof
筋立て舞踊　ballet d'action
声楽アカデミー　Academy of Vocal Music; 1731 年以降に古楽アカデミー Academy of Ancient Music と改称
聖母像の楽団　Gnadenbildkapelle
大ミヒャエラハウス　Großes Michaelerhaus
ツンフト　Zunft
帝国王室盲学校　k. k. Blindeninstitut
バスタイ　Bastei
ハノーヴァー・スクエア・ルームズ　Hanover Square Rooms
バリトン　Baryton
ハルモニームジーク　Harmoniemusik
バレエ・ダクシオン　ballet d'action
ピエタ慈善院　Ospedale della Pietà
ビュルガー　Bürger
ファヴォリータ離宮　Favorita
フォーアオルト　Vorort
フォーアシュタット　Vorstadt
フュルスト　Fürst
フライヘル　Freiherr
プラーター(公園)　Prater
ブルク劇場　Burgtheater. 1748 年より Theater nächst der Burg; 1776 年より Nationaltheater nächst der k. k. Burg; 1794 年より k. k. Hoftheater nächst der k. k. Burg; 1804 年より k. k. Nationaltheater nächst der k. k. Burg; 1807 年より k. k. Hoftheater nächst der k. k. Burg.
ヘッツ　Hetz
ベルヴェデーレ宮殿　Schloss Belvedere
ホーフカペレ　通称 Hofkapelle(宮廷楽団). 正式名称は 18 世紀まで Kayserliche Hof-Musici, 1723 年より Kayserliche Hof- und Kammer-Musici, 1746 年より Kaiserlich königliche Hof- und Kammermusik, 1795 より die kais. kön. Hofmusik.
ホーフスコラレン　Hofscholaren
ホーフブルク　Hofburg
本質の楽団　Essentialkapelle
マーリアポーチ村　ドイツ語 Pötsch, ハンガリー語 Máriapócs
ヨーゼフシュタット劇場　Theater in der Josephstadt
ラクセンブルク離宮　Schloss Laxenburg
リッター　Ritter
リーニエンヴァル　Linienwall
レオポルトシュタット劇場　Theater in der Leopoldstadt
レジデンツシュタット　Residenzstadt

【皇帝，女帝，国王，大公など】
ヴィルヘルミーネ・アマリエ　Wilhelmine Amalie von Braunschweig-Lüneburg (1673-1742)
エリーザベト・フォン・ヴュルテンベルク　Elisabeth Wilhelmine Louise von Württemberg (1767-1790)
エレオノーラ・マグダレーナ・ゴンザガ　Eleonora Gonzaga (1630-1686)
オイゲン公子→オイゲン・フランツ・フォン・ザヴォイエン＝カリグナン
オイゲン・フランツ・フォン・ザヴォイエン＝カリグナン　Eugen Franz von Savoyen-Carignan („Prinz Eugen," 1663-1736)
カール6世　Carl VI (1685-1740，在位 1711-1740)
パーヴェル1世　Pavel Petrovich Romanov (1754-1801)
フェルディナント・カール(大公)　Ferdinand Karl von Österreich-Este (1754-1806)
フェルディナント3世　Ferdinand III (1608-1657，在位 1637-1657)
フランツ・シュテファン(フランツ1世)　Franz Stephan (1708-1765)
フランツ2世　Franz II/I (1768-1835，在位 1792-1806，オーストリア皇帝フランツ1世として在位 1804-1835)
ヘンリー8世　Henry VIII (1491-1547，在位 1509-1547)
マクシミリアン・フランツ(大公)　Maximilian Franz (1756-1801)
マリー・アントワネット　Marie Antoinette (1755-1793)
マリア・アンナ　Maria Anna (1738-1789)
マリア・エリーザベト　Maria Elisabeth (1743-1808)
マリア・クリスティーナ　Maria Christina (1742-1798)
マリア・テレジア　Maria Theresia (1717-1780，在位 1743-1780)
マリア・フョードロヴナ　Maria Feodorovna (1759-1828)
マリア・ヨーゼファ　Maria Josepha (1739-1767)
ヨーゼフ1世　Joseph I (1678-1711，在位 1705-1711)
ヨーゼフ2世　Joseph II (1741-1790，在位 1765-1790)
ルイ14世　Louis XIV (1638-1715，在位 1643-1715)
ルドルフ大公　Rudolf, Erzherzog von Österreich (1788-1831)
レオポルト1世　Leopold I (1658-1705，在位 1658-1705)
レオポルト2世　Leopold II (1747-1792，在位 1790-1792)

【その他の人名】
アイブラー，ヨーゼフ　Joseph Eybler (1765-1846)
アウエルスペルク，ヨハン・アダム・フォン　Johann Adam von Auersperg (1721-1795)
アフリジョ，ジュゼッペ　Giuseppe Affligio (または Afflissio など，1722-1788)
アーベル，カール・フリードリヒ　Carl Friedrich Abel (1723-1787)
アモレヴォーリ，アンゲロ・マリア　Angelo Maria Amorevoli (1716-1798)
アユイ，ヴァランタン　Valentin Haüy (1745-1822)
アルターリア，カルロ　Carlo Artaria (1747-1808)
アルブレヒツベルガー，ヨハン・ゲオルク　Johann Georg Albrechtsberger (1736-1809)
アルンシュタイン，ファニー　Fanny Arnstein (旧姓：Vögele Itzig, 1758-1818)
アルント，エルンスト・モーリッツ　Ernst Moritz Arndt (1769-1860)
アンジョリーニ，ガスパロ　Gasparo Angiolini (1731-1803)
ヴァイグル，ヨーゼフ　Joseph Weigl (1766-1846)

ヴァイスケルン，フリードリヒ・ヴィルヘルム　Friedrich Wilhelm Weiskern (1710-1768)
ヴァーゲンザイル，ゲオルク・クリストフ　Georg Christoph Wagenseil (1715-1777)
ヴァンハル，ヨハン・バプティスト　Johann Baptist Vanhal (Jan Křtitel Vaňhal ヤン・クシュチテル・ヴァニュハル, 1739-1813)
ヴィレブラント，ヨハン・ペーター　Johann Peter Willebrandt (1719-1786)
ヴィルト，フランツ　Franz Wild (1791-1860)
ヴェーバー，カール・マリア・フォン　Carl Maria von Weber (1786-1826)
ヴェントゥラ，サント　Santo (または Santino) Ventura (?-1676/1677)
ウムラウフ，イグナツ　Ignaz Umlauf (または Umlauff, 1746-1796)
ヴラニツキー，アントン(アントニン)　Anton (Antonin) Wranitzky (1761-1820)
ヴラニツキー，パウル(パーヴェル)　Paul (Pavel) Wranitzky (1756-1808)
ヴンダー，ヨハン・ベネディクト　Johann Benedikt Wunder (1786-1858)
エステルハージ，パル・アンタル　Pál Antal Eszterházy (Paul Anton, 1711-1762)
エステルハージ，ミクローシュ　Miklós Eszterházy (Nikolaus I, 1714-1790)
エーレンハインツ，アウグスト・フリードリヒ　August Friedrich Oelenhainz (1745-1804)
オルドネツ，ヨハン・カール(・フォン)　Johann Karl (von) Ordonez (1734-1786)
カイル，アントン　Anton Khayll (1787-1834)
カヴァリエーリ，カテリーナ　Caterina Cavalieri (1755-1801)
カウニッツ＝リートベルク，ヴェンツェル・アントン・フォン　Wenzel Anton von Kaunitz-Rietberg (1711-1794)
ガスパリーニ，フランチェスコ　Francesco Gasparini (1661-1727)
ガスマン，フロリアン　Florian Gassmann (1729-1774)
ガハイス，フランツ・アントン・デ・パウラ　Franz Anton de Paula Gaheis (1763-1809)
ガリツィン(ゴリツィン)，ドミトリー・ミハイロヴィッチ　Dmitri Mikhailovich Gallitzin (Golitsyn) (1721-1793)
カルダーラ，アントニオ　Antonio Caldara (1670-1736)
カルツァビージ，ラニエリ・デ　Ranieri de Calzabigi (1714-1795)
ガレアッツィ，フランチェスコ　Francesco Galeazzi (1758-1819)
キーゼヴェッター，ラファエル　Raphael Kiesewetter (1773-1850)
ギベール，ジャック・アントワーヌ・イポリット　Jacques Antoine Hippolyte Guibert (1743-1790)
キュッヘルベッカー，ヨハン・バジリウス　Johann Basilius Küchelbecker (1697-1757)
ギロヴェッツ，アダルベルト　Adalbert Gyrowetz (1763-1850)
クヴァンツ，ヨハン・ヨアヒム　Johann Joachim Quanz (1697-1773)
クライナー，ザロモン　Salomon Kleiner (1700-1761)
グライナー，フランツ・ザーレス・リッター・フォン　Franz Sales Ritter von Greiner (1732-1798)
グライペル，ヨハン・フランツ　Johann Franz Greipel (1720-1798)
クライン，ヨハン・ヴィルヘルム　Johann Wilhelm Klein (1765-1848)
クラウス，カール　Karl Kraus (1874-1936)
クラフト，アントニン(アントン)　Antonín (Anton) Kraft (1749-1820)
クラフト，ニコラウス　Nikolaus Kraft (1778-1853)

グリージンガー，ゲオルク・アウグスト　Georg August Griesinger (1769-1845)
クルツ，ヨーゼフ・フェリクス・フォン(通称ベルナドン)　Joseph Felix von Kurz (Bernardon, 1715?/1717-1784)
グルック，クリストフ・ヴィリバルト　Christoph Willibald Gluck (1714-1787)
クレメンティ，ムツィオ　Muzio Clementi (1752-1832)
ケース，フランツ・ベルンハルト・フォン　Franz Bernhard von Keeß (1720-1795)
ゲバウアー，エティエンヌ＝フランソワ　Étienne-François Gebauer (1776-1823)
ケーフェンヒュラー＝メッチュ，ヨハン・ヨーゼフ　Johann Josef Khevenhüller-Metsch (1706-1776)
ケリー，マイケル　Michael Kelly (1762-1826)
ケルビーニ，ルイージ　Luigi Cherubini (1760-1842)
ゲーレン，ヨハン・ファン　Johann van Ghelen (1645-1721)
ゲンツィンガー，マリア・アンナ(・フォン)　Maria Anna (von) Genzinger (1754-1793)
コツェルフ，レオポルト・アントン　Leopold Anton Kozeluch (1747-1818)
コルアルト，トマス・ヴィンチゲラ　Thomas Vinciguerra Collalto (1710-1769)
コロレード，ヒエロニムス　Hieronymus Colloredo (1732-1812)
コロレード(＝ヴァルトゼー)，ルドルフ・ヨーゼフ・フォン　Rudolph Joseph von Colloredo-Waldsee (1706-1788)
ザクセン＝ヒルドブルクハウゼン，ヨーゼフ・フォン　Joseph von Sachsen-Hildburghausen (1702-1787)
サリエーリ，アントニオ　Antonio Salieri (1750-1825)
サレス，フランチェスコ・ディ　Sales, Francesco di (フランス語名：François de Sales, 1567-1622)
ザンデル，ハインリヒ　Heinrich Sander (1754-1782)
サンマルティーニ，ジョヴァンニ・バッティスタ　Giovanni Battista Sammartini (1700-1775)
シェーンフェルト，ヨハン・フェルディナント・フォン　Johann Ferdinand von Schönfeld (1750-1821)
ジャカン，(エミリアン・)ゴットフリート・フォン　(Emilian) Gottfried von Jacquin (1767-1792)
ジャカン，ニコラウス・ヨーゼフ・フォン　Nikolaus Joseph von Jacquin (1727-1817)
ジャカン，フランツィスカ・フォン　Franziska von Jacquin (1769-1850)
ジャルノヴィーチ，ジョヴァンニ，マネ　Giovanni Mane Giornovichi (Giornovichi; Ivan Mane Jarnović, 1747-1804)
シャンツ，ヴェンツェル　Wenzel Schantz (1750?-1789/1790)
シャンツ，ヨハン　Johann Schantz (1762-1828)
シュタイン，ナネッテ→シュトライヒャー，ナネッテ
シュタイン，ヨハン・アンドレアス　Johann Andreas Stein (1728-1792)
シュタードラー，アントン・パウル　Anton Paul Stadler (1753-1812)
シュタードラー，マクシミリアン　Maximilian Stadler (1748-1833)
シュタルツァー，ヨーゼフ　Joseph Starzer (1726-1787)
シュッツ，カール　Carl Schütz (1745-1800)
シュッツ・ハインリヒ・ヨーゼフ　Heinrich Joseph Schütz (1760-1822)
シュトライヒャー，ナネッテ　Nannette Streicher (旧姓：Stein[シュタイン], 1769-1833)

シュトライヒャー，ヨハン・アンドレアス　Johann Andreas Streicher (1761-1833)
シュトラウス，ヨーゼフ　Josef Strauss (1827-1870)
シュトラウス，ヨハン　Johann Strauss (d. J.) (1825-1899)
シュトラニツキー(またはストラニツキー)，ヨーゼフ・アントン　Josef Anton Stranitzky (1676-1726)
シューバルト，クリスティアン・フリードリヒ・ダニエル　Schubart, Christian Friedrich Daniel (1739-1791)
シュパンツィヒ・イグナツ　Ignaz Schuppanzigh (1776-1830)
シューベルト，フランツ　Franz Schubert (1797-1828)
シュポーア，ルイ　Louis Spohr (1784-1859)
シュメルツァー，ヨハン・ハインリヒ　Johann Heinrich Schmelzer (c. 1623-1680)
シュメルツル，ヴォルフガング　Wolfgang Schmeltzl (Schmältzl, c. 1505-c. 1564)
シュルツ，(ヨアヒム・クリスティアン・)フリードリヒ　(Joachim Christian) Friedrich Schulz (1762-1798)
シュヴァルツェンベルク，ヨーゼフ・アダム・フォン　Joseph Adam Fürst von Schwarzenberg (1722-1782)
シラー，フリードリヒ・フォン　Friedrich von Schiller (1759-1805)
スヴィーテン，ゴットフリート・ファン　Gottfried van Swieten (1733-1803)
スコワティ，ヴェンツェル　Wenzel Sukowaty (1746-1810)
スポンティーニ，ガスパーレ　Gaspare Spontini (1774-1851)
スミス，アマンド・ヴィルヘルム　Amand Wilhelm Smith (1754-?)
セイヤー，アレグザンダー・ウィーロック　Alexander Wheelock Thayer (1817-1897)
聖ヨハン・ネポムク　St. Johann Nepomuk (c. 1345-1393)
セネジーノ　Senesino (本名：フランチェスコ・ベルナルディ　Francesco Bernardi, 1686-1758)
ゼヒター，ジーモン　Simon Sechter (1788-1867)
セリエー，カール・ヨーゼフ　Joseph Carl Selliers (1702-1755)
ゾンネンフェルス，ヨーゼフ・フォン　Joseph von Sonnenfels (1732-1817)
ゾンライトナー，ヨーゼフ　Joseph Sonnleithner (1766-1835)
タイマー，イグナツ　Ignaz Teimer (1722-1799)
ダ・コスタ，アントーニオ　António da Costa (c. 1714-c. 1780)
ダ・ポンテ，ロレンツォ　Lorenzo da Ponte (1749-1838)
チェルニー(またはツェルニー)，カール　Carl Czerny 1791-1857)
チマローザ，ドメニコ　Domenico Cimarosa (1749-1801)
ツィンツェンドルフ，カール・ヨハン・フォン　Karl Johann von Zinzendorf (1739-1813)
ディース，アルベルト・クリストフ　Albert Christoph Dies (1755-1822)
ディッタース(1773年以降よりフォン・ディッタースドルフ)，カール　Carl Ditters von Dittersdorf (1739-1799)
デッカー，ゲオルク　Georg Decker (1818-1894)
デ・ルーカ，イグナツ　Ignaz de Luca (1746-1799)
テンカッラ，ジョヴァンニ・ピエトロ　Giovanni Pietro Tencalla (1629-1702)
トゥーマ，フランチシェク　František Tůma (Franz[フランツ] Tuma, 1704-1774)
ドゥラッツォ，ジャコモ　Giacomo Durazzo (1717-1794)
トゥーン・ウント・ホーエンシュタイン，マリア・ヴィルヘルミーネ・フォン

Maria Wilhelmine von Thun und Hohenstein (1744-1800)
ドライデン，ジョン　John Dryden (1631-1700)
トラットナー，ヨハン・トーマス・フォン　Johann Thomas von Trattner (1717-1798)
トリチェルラ，クリストフ　Christoph Toricella (1715-1798)
トレーグ，ヨハン　Johann Traeg (1747-1805)
ニコライ，クリストフ・フリードリヒ　Christoph Friedrich Nicolai (1733-1811)
ネストロイ，ヨハン　Johann Nestroy (1801-1862)
ノヴェール，ジャン＝ジョルジュ　Jean-Georges Noverre (1727-1810)
パイジェッロ・ジョヴァンニ　Giovanni Paisiello (1740-1816)
ハイドン，ミヒャエル　Michael Haydn (1737-1806)
ハイドン，ヨーゼフ　Joseph Haydn (1732-1809)
ハイネ，ハインリヒ　Heinrich Heine (1797-1856)
バイヤー，アントン　Anton Bayer (1785-1824)
ハウバー，ヨーゼフ　Joseph Hauber (1766-1834)
ハシュケ，ジーモン　Simon Haschke (1727-1776)
ハッセ，ヨハン・アドルフ　Johann Adolph Hasse (1699-1783)
バッハ，カール・フィリップ・エマヌエル　Carl Philipp Emanuel Bach (1714-1788)
バッハ，ヨハン・クリスティアン　Johann Christian Bach (1735-1782)
バーニー，チャールズ　Charles Burney (1726-1814)
パラディース，マリア・テレジア(・フォン)　Maria Theresia (von) Paradis (1759-1824)
バルツァー・ヨハン　Johann Balzer (1738-1799)
パルフィー(・アブ・エルデド)，カール・ヨーゼフ　Karl Joseph Pálffy de Erdőd (1735-1816)
ハンスリック，エドゥアルト　Eduard Hanslick (1825-1904)
ピヒラー，カロリーネ　Caroline Pichler (1769-1843)
ヒルデブラント，ヨハン・ルーカス・フォン　Johann Lukas von Hildebrandt (1668-1745)
ヒルファーディング(・ヴァン・ウェーウェン)，フランツ・アントン・クリストフ　Franz Anton Christoph Hilverding (van Wewen) (または Hilferding, 1710-1768)
ヒンメル，フリードリヒ・ハインリヒ　Friedrich Heinrich Himmel (1765-1814)
ファッシュ，カール・フリードリヒ　Carl Friedrich Fasch (1736-1800)
ファリネッリ　Farinelli (本名：カルロ・ブロスキ　Carlo Broschi, 1705-1782)
フィッシャー・フォン・エルラッハ，ヨハン・ベルンハルト　Johann Bernhard Fischer von Erlach (1656-1723)
フィリドール，アンヌ・ダニカン　Anne Danican Philidor (1681-1728)
フィールド，ジョン　John Field (1782-1837)
フォーグラー，ゲオルク・ヨーゼフ　Georg Joseph Vogler (1749-1814)
フォルスター，ゲオルク　Georg Forster (1754-1794)
フックス，ヨハン・ヨーゼフ　Johann Joseph Fux (1660-1741)
フッス，ヤーノシュ(ヨハン・エヴァンゲリスト)　János Fusz (Johann Evangelist, 1777-1819)
プライエル，イグナツ　Ignaz Pleyel (1757-1831)
プラインドル，ヨーゼフ　Joseph Preindl (1756-1823)
プラウトゥス，ティートゥス・マッキウス　Titus Maccius Plautus (c. 254 BCE-

184 BCE)
フリース，モーリッツ・フォン　Moritz von Fries (1777-1826)
フリーデル，ヨハン　Johann Friedel (1755-1789)
フリードリヒ，ヨハン・コンラート　Johann Konrad Friedrich（別名：Carl Strahlheim, 1789-1854)
プレディエーリ，ルーカ・アントニオ　Luca Antonio Predieri (1688-1767)
プレハウザー，ゴットフリート　Gottfried Prehauser (1699-1769)
フンメル，ヨハン・ネポムク　Johann Nepomuk Hummel (1778-1837)
ベートーヴェン，ルートヴィヒ・ヴァン　Ludwig van Beethoven (1770-1827)
ペッツル，ヨハン　Johann Pezzl (1756-1823)
ペカーチェク，フランツ・クサーヴァ　Franz Xaver Pechatscheck (Pecháček, 1793-1840)
ベーム，ヨーゼフ　Joseph Böhm (Böhm József, 1795-1876)
ペリネー，ヨアヒム　Joachim Perinet (1763-1816)
ペルト，マティアス・フランツ　Matthias Franz Perth (1788-1856)
ベロット，ベルナルド　Bernardo Bellotto（通称カナレット，1720-1780)
ボッケリーニ，ルイージ　Luigi Boccherini (1743-1805)
ホフマイスター，フランツ・アントン　Franz Anton Hoffmeister (1754-1812)
ホフマン，レオポルト　Leopold Hofmann (1738-1793)
ボルドーニ，ファウスティーナ　Faustina Bordoni (1697-1781)
ポルポラ，ニコラ　Nicola (Niccolò) Porpora (1686-1768)
ボワエルデュー，フランソワ＝アドリアン　François-Adrien Boildieu (1775-1834)
ボンノ，ヨーゼフ　Joseph（または Giuseppe）Bonno (1711-1788)
マイアベーア，ジャコモ　Giacomo Meyerbeer (1791-1864)
マイヤー，ヨーゼフ　Joseph (Edler von) Mayer (?-?)
マッテゾン，ヨハン　Johann Mattheson (1681-1764)
マリネリ，カール　Karl Marinelli (1745-1803)
マルチェッロ，ベネデット　Benedetto Marcello (1686-1739)
マルティン・イ・ソレール，ビセンテ　Vincente Martín y Soler (1754-1806)
マルティネス，マリアンナ　Marianna Martínez (Marianne von Martines, 1744-1812)
マルティン，フィリップ・ヤコブ　Philipp Jakob Martin (?-?)
マールプルク，フリードリヒ・ヴィルヘルム　Friedrich Wilhelm Marpurg (1718-1795)
ミュラー，ヴェンツェル　Wenzel Müller (1759?/1767?-1835)
ムッファト，ゴットリープ　Gottlieb Muffat (1690-1770)
メタスタージオ，ピエトロ　Pietro Metastasio（本名：Pietro Antonio Domenico Trapassi, 1698-1782)
メッテルニヒ，クレメンス・フォン　Klemens von Metternich (1773-1859)
メユール，エティエンヌ・ニコラス　Etienne Nicolas Méhul (1763-1817)
モシェレス，イグナツ　Ignaz Moscheles (1794-1870)
モーゼル，イグナツ　Ignaz Mosel (1772-1844)
モーツァルト，ヴォルフガング・アマデウス　Wolfgang Amadeus Mozart (1756-1791)
モーツァルト，コンスタンツェ　Constanze Mozart (1762-1842)
モーツァルト，レオポルト　Leopold Mozart (1719-1787)
モリエール　Molière（＝Jean-Baptiste Poquelin, 1622-1673)

モロ，トランキロ　Tranquillo Mollo (1767-1837)
モンタギュー，メアリー・ウォートリー　Mary Wortley Montagu (1689-1762)
ヤーン，イグナツ　Ignaz Jahn (1744-1810)
ヨアヒム，ヨーゼフ　Joseph Joachim (Joachim József, 1831-1907)
ヨンメッリ，ニッコロ　Niccolò Jommelli (1714-1774)
ライヒャルト，ハインリヒ　Heinrich August Ottokar Reichard (1751-1828)
ライヒャルト，ヨハン・フリードリヒ　Johann Friedrich Reichardt (1752-1814)
ラウシュ，ローレンツ　Lorenz Lausch (1737/38-1794/1807?)
ラズモフスキー，アンドレイ　Andrey Razumovsky (1752-1836)
ラモッテ，フランツ　Franz Lamotte (1751-1780)
ラロシュ，ヨハン・ヨーゼフ　Johann Joseph Laroche (La Roche 1781-1806)
リギーニ，ヴィンチェンツォ　Vincenzo Righini (1756-1812)
リース，フェルディナント　Ferdinand Ries (1784-1838)
リーズベック，ヨハン・カスパル　Johann Kaspar Riesbeck (1754-1786)
リンケ，ヨーゼフ　Josef Linke (1783-1837)
レーダー，フィリップ・ルートヴィヒ・ヘルマン　Philipp Ludwig Hermann Röder (1755-1831)
レッシング，ゴットホルト・エフライム　Gotthold Ephraim Lessing (1729-1781)
ロイター，ヨハン・ゲオルク　Johann Georg Reutter (1708-1772)
ロジェ，アレクサンドル＝レイ　Alexander-Louis Laugier (1719-1774)
ローゼンバウム，ヨーゼフ・カール　Joseph Carl Rosenbaum (1770-1829)
ロプコヴィッツ，ヨーゼフ・フランツ・マクシミリアン・フォン　Joseph Franz Maximilian von Lobkowitz (1772-1816)
ロプコヴィッツ，マリア・カール・フォン　Joseph Maria Carl von Lobkowitz (1724-1802)
ロプレスティ，ロッコ・ディ　Rocco di Lopresti (1703-1784)
ワルター，アントン　Anton Walter (1752-1826)

ジェラルド・グローマー

1957年アメリカ合衆国生まれ(国籍はオーストリアと米国). ジョンズ・ホプキンス大学ピーボディ音楽院博士課程修了, 音楽博士(ピアノ). 東京藝術大学大学院音楽研究科博士課程修了, 芸術博士(音楽学). 音楽学・芸能史専攻.
山梨大学教育学部(音楽教育)教授.
著書に, 『幕末のはやり唄——口説節と都々逸節の新研究』(名著出版, 1995年)『瞽女と瞽女唄の研究』(名古屋大学出版会, 2007年)『The Spirit of Tsugaru: Blind Musicians, Tsugaru-jamisen, and the Folk Music of Northern Japan』(津軽書房, 2012年)『瞽女うた』(岩波新書, 2014年)『Street Performers and Society in Urban Japan, 1600-1900: The Beggar's Gift』(Routledge, 2016年) ほか.

「音楽の都」ウィーンの誕生　岩波新書(新赤版)1962

2023年2月21日　第1刷発行

著　者　ジェラルド・グローマー

発行者　坂本政謙

発行所　株式会社 岩波書店
〒101-8002 東京都千代田区一ツ橋 2-5-5
案内 03-5210-4000　営業部 03-5210-4111
https://www.iwanami.co.jp/

新書編集部 03-5210-4054
https://www.iwanami.co.jp/sin/

印刷製本・法令印刷　カバー・半七印刷

ISBN 978-4-00-431962-7　Printed in Japan

岩波新書新赤版一〇〇〇点に際して

ひとつの時代が終わったと言われて久しい。だが、その先にいかなる時代を展望するのか、私たちはその輪郭すら描きえていない。二〇世紀から持ち越した課題の多くは、未だ解決の緒を見つけることのできないままであり、二一世紀が新たに招きよせた問題も少なくない。グローバル資本主義の浸透、憎悪の連鎖、暴力の応酬――世界は混沌として深い不安の只中にある。

現代社会においては変化が常態となり、速さと新しさに絶対的な価値が与えられた。消費社会の深化と情報技術の革命は、種々の境界を無くし、人々の生活やコミュニケーションの様式を根底から変容させてきた。ライフスタイルは多様化し、一面では個人の生き方をそれぞれが選びとる時代が始まっている。同時に、新たな格差が生まれ、様々な次元での亀裂や分断が深まっている。社会や歴史に対する意識が揺らぎ、普遍的な理念に対する根本的な懐疑や、現実を変えることへの無力感がひそかに根を張りつつある。そして生きることに誰もが困難を覚える時代が到来している。

しかし、日常生活のそれぞれの場で、自由と民主主義を獲得し実践することを通じて、私たち自身がそうした閉塞を乗り超え、希望の時代の幕開けを告げてゆくことは不可能ではあるまい。そのために、いま求められていること――それは、個と個の間で開かれた対話を積み重ねながら、人間らしく生きることの条件について一人ひとりが粘り強く思考することではないか。その営みの糧となるものが、教養に外ならないと私たちは考える。歴史とは何か、よく生きるとはいかなることか、世界そして人間はどこへ向かうべきなのか――こうした根源的な問いとの格闘が、文化と知の厚みを作り出し、個人と社会を支える基盤としての教養となった。まさにそのような教養への道案内こそ、岩波新書が創刊以来、追求してきたことである。

岩波新書は、日中戦争下の一九三八年一一月に赤版として創刊された。創刊の辞は、道義の精神に則らない日本の行動を憂慮し、批判的精神と良心的行動の欠如を戒めつつ、現代人の現代的教養を刊行の目的とする、と謳っている。以後、青版、黄版、新赤版と装いを改めながら、合計二五〇〇点余りを世に問うてきた。そして、いままた新赤版が一〇〇〇点を迎えたのを機に、人間の理性と良心への信頼を再確認し、それに裏打ちされた文化を培っていく決意を込めて、新しい装丁のもとに再出発したいと思う。一冊一冊から吹き出す新風が一人でも多くの読者の許に届くこと、そして希望ある時代への想像力を豊かにかき立てることを切に願う。

（二〇〇六年四月）